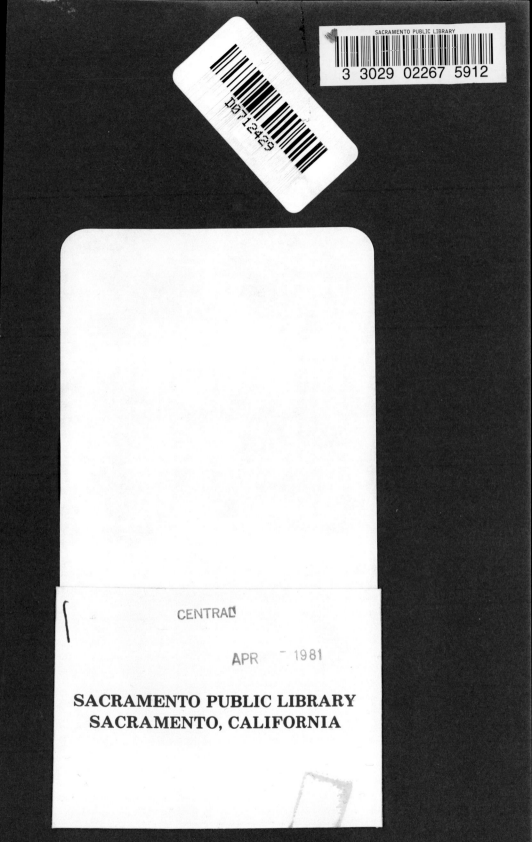

THE POETRY OF JULIAN DEL CASAL: A CRITICAL EDITION

THE POETRY OF
JULIAN DEL CASAL:
A CRITICAL EDITION

Volume One

Robert Jay Glickman

A University of Florida Book

The University Presses of Florida
Gainesville
1976

PRINTED BY
STORTER PRINTING COMPANY, INCORPORATED
GAINESVILLE, FLORIDA

Library of Congress Cataloging in Publication Data

Casal, Julián del, 1863-1893.
  The poetry of Julián del Casal.

  "A University of Florida book."
  Includes bibliographical references.
  Includes indexes.
  I. Glickman, Robert Jay, 1928-
PQ7389.C266A17   1976   861   76-22800
ISBN 0-8130-0540-X (v. 1)
ISBN 0-8130-0572-8 pbk.

CONTENTS

Introduction

Julián del Casal was one of the leading figures in the Spanish American Modernist Movement. Endowed with an insatiable curiosity, a keen aesthetic sense, and an unflagging love of Beauty, Casal moved rapidly towards a level of artistic perfection that had seldom been reached by his predecessors in Cuba. Although he suffered intense physical pain and extreme emotional anguish during his adult years, he cultivated his art with remarkable persistence and, in return, won the esteem of prominent writers on both sides of the Atlantic. His sudden death at the age of thirty was lamented by admirers throughout the Hispanic world, among them such outstanding proponents of literary reform as José Martí, Manuel Gutiérrez Nájera, and Rubén Darío, all of whom recognized Casal as a member of the Modernist brotherhood that was already giving a new direction to Spanish American letters.

Over the years, the judgment of these admirers has been amply confirmed by the critics. Nevertheless, only one complete collection of Casal's poetry has ever been compiled: that collection, edited by Mario Cabrera Saqui and entitled *Poesías completas,* was published in 1945. Thanks to Cuba's Consejo Nacional de Cultura, the Cabrera Saqui edition was reprinted in 1963 as part of a four-volume collection of prose and verse that was designed to commemorate the 100th anniversary of Casal's birth. The manifest virtue of the *Edición del Centenario* was that it made the Cabrera Saqui edition available to many scholars who had no convenient access to Casal's poetry. Its obvious shortcoming, however, was that it added nothing to the text and notes that had been published eighteen years before, even though much data not examined by Cabrera Saqui were at hand.

Now that the original Cabrera Saqui edition and its Centenary reprint are both virtually impossible to obtain, there is a compelling need for a new edition of Casal's poetic works. *The Poetry of Julián del Casal: A Critical Edition* attempts to satisfy this need by providing a text (Vol. I) which is based on a wide range of primary source materials, and which is accompanied by bibliographical data, historical information, stylistic analyses, and an annotated record of variants (Vol. II), and by a series of computer-produced indexes to the collected poems (Vol. III).

VOLUME I

Volume I contains the one hundred forty-four poems which Casal published in *Hojas al viento, Nieve,* and *Rimas,* as well as thirteen compositions which he chose not to include in these books. The collected poems are presented in book order: that is to say, in the sequence in which they appeared in *Hojas, Nieve,* and *Rimas.* The *Varia,* on the other hand, are set out in chronological order. A certain amount of standardization has been effected in the text. For instance, although Casal did not usually indent the first verse in every stanza, this editor does so in order to insure that stanza boundaries, which were sometimes erased by chance in earlier printings, will remain visible.[1] Furthermore, while Casal tended to

---

[1]Casal's failure to indent l. 13 of "Las oceánidas," for example, was responsible for a later misreading of the text. As chance would have it, l. 13 was printed at the top of a page in *Nieve.* Because the verse was not indented, because its position on the page prevented the insertion of a blank line before it, and because centered rules were not used between stanzas in the book, there was no way of telling that a new stanza was supposed to begin at l. 13. As a result, the stanza division at this point was dropped from almost every subsequent printing of the poem. In order to prevent errors of this kind from occurring in the future, the beginning of stanzas is normally indented in the present edition. This, of course, makes it unnecessary to employ devices such as the centered rule, which was used in some versions of Casal's poetry. Although indenting is of undeniable value in most instances, there are a

capitalize the initial letter in every line of poetry, this editor believes that the flow of ideas can be more readily perceived if capitals are used only with proper nouns and at the beginning of a sentence. Lastly, since it is difficult to ascertain Casal's spelling preferences because of the scarcity of manuscripts and because of the wealth of orthographic variants that exist in printed versions of his poetry, this editor finds it expedient to normalize the orthography according to rules that are currently in use.

Coding. As indicated above, the material of Volume I is presented in four sections: *Hojas, Nieve, Rimas,* and *Varia.* Each of these sections is identified by a mnemonic reference code (**H, N, R,** and **V**), and every item within a section is tagged with a sequence number. According to this system, "Introducción," the first poem in *Hojas al viento,* would be designated as H1; "Sueño de gloria," the eighteenth poem in *Nieve,* would be referred to as N18; and so forth. In addition to the codes that have just been described, there are subsection codes. These consist of a mnemonic reference tag, followed by a **p** (for "part") and a digit. For example, if we designate the title *Nieve* as Np0, then we may call the book's subsections Np1, Np2, Np3, Np4, and Np5. The translation of these codes would be:

Np0 = *Nieve*
Np1 = "Bocetos antiguos"
Np2 = "Mi museo ideal"
Np3 = "Cromos españoles"
Np4 = "Marfiles viejos"
Np5 = "La gruta del ensueño"

Finally, a sequence number is assigned to each line of poetry in the corpus. In Volumes II and III, references to the text are made by citing *section, item,* and *line* codes. In these references, the section and item codes appear first, and a solidus (/) introduces the line

---

limited number of cases in which it seems better not to follow the rule. In this edition, the rare departures from normal procedure are motivated by aesthetic considerations and occur in poems whose form is transparent (see "Nostalgias" and "A la Belleza").

number. Thus, H2/47 would mean *Hojas al viento,* poem 2, line 47. Although line numbers are used consistently in Volume I, no codes are printed beside titles, subtitles, and dedications. Codes do exist for these elements, however: they are *t, s,* and *d,* respectively, and they are used where applicable in Volumes II and III. A sample designation would be H31/s: that is, *Hojas al viento,* poem 31, subtitle.

VOLUME II

Volume II furnishes detailed information about the texts which comprise Volume I. Each major division of the poetry (Hp0; Np0, Np1, Np2, Np3, Np4, Np5; Rp0; and Vp0) is introduced by a general commentary. This is followed immediately by specific discussions of each poem within the division. In most cases, the specific discussions consist of an introductory statement, notes to the introductory statement, a record of variants, and notes to the variants. These items are printed consecutively and each has a distinctive format.

VOLUME III

Volume III contains a variety of computer-produced *lemma*[2] indexes to the collected poetry of Julián del Casal. These indexes are of two basic types: "simple" listings, which show frequency data only beside each entry, and "complex" listings, which provide information on the function, location, frequency, and/or comparative frequency of each item. A wide array of indexes is presented for the following reasons. On the one hand, it is felt that a diversified assortment of indexes will give scholars effective tools for dealing with questions which they have already formulated, but which they have difficulty in answering because of the clerical burden involved.

---

[2]A *lemma* is the canonical form of each item (i.e., the form that is found in any standard dictionary).

On the other hand, it is believed that an assortment of indexes will inspire researchers to ask new questions—questions that might never arise if certain kinds of data were not extracted from the corpus and arranged in a special way.

These are the main features of *The Poetry of Julián del Casal: A Critical Edition*.

Acknowledgments

This volume would never have come into existence were it not for the help of others.

Principal among those who enabled me to collect the many versions of Casal's poems which served as the basis for this critical edition were Jacques Bilodeau, A.L. Graham, Jean-Pierre Juneau, Jacques S. Roy, Harry S. Sterling, and Charles V. Svoboda of the Canadian Embassy in Havana; Humberto Castañeda and Manuel J. Rubido of the Consulate General of Cuba in Toronto; Julio Bidopia, María Teresa Freyre de Andrade, César López, Luis Suardíaz, and Manuel E. Vega of the Unión de Escritores y Artistas de Cuba, the Consejo Nacional de Cultura, and the Biblioteca Nacional José Martí in Havana; and the diligent staff members of the Reference Departments of the University of Toronto and Harvard College Libraries. Financial assistance was liberally provided throughout the years by the Canada Council, the National Research Council of Canada, and the University of Toronto's Office of Research Administration. Moral support and encouragement, as well as released time for research, were unstintingly offered from the very beginning of this enterprise by Geoffrey L. Stagg, Chairman of the Department of Hispanic Studies of the University of Toronto. Essential technical advice was generously given at various stages of the project by Alan M. Gordon of the University of Toronto, by José Antonio Portuondo of Havana's Instituto de Literatura y Lingüística, and by Ivan A. Schulman of the University of Florida. Careful typing of the text and meticulous assistance in proofreading its final version were the respective contributions of Sonja Kastner and Ingrid Matckars. To all of the above I offer heartfelt thanks.

Finally, a special word of gratitude goes to Enrica Jemma Glickman, whose patience, understanding, and devotion over the years were my constant inspiration and my greatest treasure.

HOJAS AL VIENTO

primeras poesías

A Ricardo del Monte,
al muy querido y muy venerado maestro,
dedica sus primeros versos,
J. del C.

INTRODUCCION

1	Arbol de mi pensamiento
2	lanza tus hojas al viento
3	del olvido,
4	que, al volver las primaveras,
5	harán en ti las quimeras
6	nuevo nido;
7	y saldrán de entre tus hojas,
8	en vez de amargas congojas,
9	las canciones
10	que en otro Mayo tuvistes,
11	para consuelo de tristes
12	corazones.

AUTOBIOGRAFIA

1	Nací en Cuba. El sendero de la vida
2	firme atravieso, con ligero paso,
3	sin que encorve mi espalda vigorosa
4	la carga abrumadora de los años.
5	Al pasar por las verdes alamedas,
6	cogido tiernamente de la mano,
7	mientras cortaba las fragantes flores
8	o bebía la lumbre de los astros,
9	vi la Muerte, cual pérfido bandido,
10	abalanzarse rauda ante mi paso
11	y herir a mis amantes compañeros,
12	dejándome, en el mundo, solitario.
13	¡Cuán difícil me fue marchar sin guía!
14	¡Cuántos escollos ante mí se alzaron!
15	¡Cuán ásperas hallé todas las cuestas!
16	Y ¡cuán lóbregos todos los espacios!
17	¡Cuántas veces la estrella matutina
18	alumbró, con fulgores argentados,
19	la huella ensangrentada que mi planta
20	iba dejando en los desiertos campos,
21	recorridos en noches tormentosas,
22	entre el fragor horrísono del rayo,
23	bajo las gotas frías de la lluvia
24	y a la luz funeral de los relámpagos!

25   Mi Juventud, herida ya de muerte,
26   empieza a agonizar entre mis brazos,
27   sin que la puedan reanimar mis besos,
28   sin que la puedan consolar mis cantos.
29   Y al ver, en su semblante cadavérico,
30   de sus pupilas el fulgor opaco
31   —igual al de un espejo desbruñido—,
32   siento que el corazón sube a mis labios,
33   cual si en mi pecho la rodilla hincara
34   joven Titán de miembros acerados.

35   Para olvidar entonces las tristezas
36   que, como nube de voraces pájaros
37   al fruto de oro entre las verdes ramas,
38   dejan mi corazón despedazado,
39   refúgiome del Arte en los misterios
40   o de la hermosa Aspasia entre los brazos.

41   Guardo siempre, en el fondo de mi alma,
42   cual hostia blanca en cáliz cincelado,
43   la purísma fe de mis mayores
44   que, por ella, en los tiempos legendarios,
45   subieron a la pira del martirio,
46   con su firmeza heroica de cristianos,
47   la esperanza del cielo en las miradas
48   y el perdón generoso entre los labios.

49   Mi espíritu, voluble y enfermizo,
50   lleno de la nostalgia del pasado,
51   ora ansía el rumor de las batallas,
52   ora la paz de silencioso claustro,
53   hasta que pueda despojarse un día
54   —como un mendigo del postrer andrajo—
55   del pesar que dejaron en su seno
56   los difuntos ensueños abortados.

57   Indiferente a todo lo visible,

58 ni el mal me atrae, ni ante el bien me extasio,
59 como si dentro de mi ser llevara
60 el cadáver de un Dios, ¡de mi entusiasmo!

61   Libre de abrumadoras ambiciones,
62 soporto de la vida el rudo fardo,
63 porque me alienta el formidable orgullo
64 de vivir, ni envidioso ni envidiado,
65 persiguiendo fantásticas visiones,
66 mientras se arrastran otros por el fango
67 para extraer un átomo de oro
68 del fondo pestilente de un pantano.

AMOR EN EL CLAUSTRO

A José María de Céspedes

1   Al resplandor incierto de los cirios
2   que, en el altar del templo solitario,
3   arden, vertiendo en las obscuras naves
4   pálida luz que, con fulgor escaso,
5   brilla y se extingue entre la densa sombra;
6   en medio de esa paz y de ese santo
7   recogimiento que hasta el alma llega;
8   allí, do acude el corazón llagado
9   a sanar sus heridas; do renace
10   la muerta fe de los primeros años;
11   allí, do un Cristo con amor extiende
12   desde la cruz al pecador sus brazos;
13   de fervorosa devoción henchida,
14   el níveo rostro en lágrimas bañado,
15   la vi postrada ante el altar, de hinojos,
16   clemencia a Dios y olvido demandando.

17   De sus mórbidas formas, el ropaje
18   adivinar dejaba los encantos,
19   como las sombras de ondulante nube
20   de blanca luna al ambarino rayo.
21   Sus ebúrneas mejillas transparentes
22   conservaban aún el sonrosado
23   tinte que ostentan las camelias blancas,
24   al florecer en la estación de Mayo.
25   Brotaba de sus labios el aroma
26   de las fragantes flores del naranjo,

27 y, en actitud angélica, elevaba
28 hacia el Señor las suplicantes manos.

29   Cuando el reloj que asoma por la parda
30 torre del gigantesco campanario,
31 puebla el aire de acordes vibraciones,
32 hiriendo el duro bronce, acompasado,
33 para anunciar la misteriosa hora
34 de medianoche a los mortales; cuando
35 las castas hijas del Señor reposan
36 en apacible sueño; y, solitario,
37 pavor infunde al ánimo atrevido,
38 con su imponente gravedad el claustro;
39 ella entonces las naves atraviesa
40 envuelta en negro, vaporoso manto,
41 y se prosterna, con fervor ardiente,
42 ante el altar del Dios crucificado.
43 Allí contrita reza: ¡reza y llora!
44 Mas ¿por quién vierte tan copioso llanto?
45 ¿Es porque mira de la cruz pendiente
46 tu cuerpo moribundo, ensangrentado,
47 Salvador inmortal? ¿Es que te pide
48 perdón para sus culpas? ¿Será acaso
49 que, en pugna lo divino y lo terreno
50 en su alma virginal, triunfa, del santo
51 amor a que la ardiente fe la inclina,
52 el terrenal amor nunca olvidado?

53   ¿Quién lo puede saber? Y ¿quién penetra
54 del corazón el insondable arcano?
55 ¿Quién puede descender hasta ese abismo
56 donde se mezclan el placer y el llanto?
. . . .
57   Mas . . . ¡escuchad! Con voz dulce y sentida
58 deja escapar de sus divinos labios
59 esta plegaria que a los cielos sube
60 bajo las formas de armonioso canto:

             * * *

61 —Cuando el aura de amor embalsamaba
62 de mi vida las quince primaveras
63 y, en mi mente febril, revoloteaba
64 áureo enjambre de fúlgidas quimeras;

65 cuando la juventud y la ventura
66 me prodigaban sus mejores dones,
67 y al poder de mi angélica hermosura
68 vi doblegarse altivos corazones;

69 cuando del mundo en el sendero, hollaba
70 blandas alfombras de fragantes flores,
71 y mi virgínea frente coronaba
72 la diadema inmortal de los amores;

73 la muerte arrebató con saña impía
74 aquél que, de la vida en los vergeles,
75 al conquistar mi corazón un día
76 conquistaba del arte los laureles.

77 Yo, dando mi postrer adiós al mundo,
78 te consagré la flor de mi inocencia,
79 y abismada en tu amor santo y profundo
80 en ti busqué la paz de la existencia.

81 Mas como alterna con la noche el día
82 y con las tempestades la bonanza,
83 ¡oh Dios! alterna así en el alma mía
84 con tu amor otro amor sin esperanza.

85 En el día, en la noche, a cada hora
86 la imagen de ese amor se me presenta,
87 como brillante resplandor de aurora
88 en mi sombría noche de tormenta.

89 Es tan bella ¡Señor! de tal encanto
90 revestida a mis ojos aparece,
91 que anubla mis pupilas triste llanto
92 si alguna vez en sombras desparece.

93   Haz que ese ardiente amor que me cautiva
94   muera en mi corazón ¡Dios soberano!
95   y que sólo en mi alma tu amor viva
96   sin el consorcio del amor mundano. —

* * *

97   Así dijo; dos lágrimas ardientes
98   por sus blancas mejillas resbalaron,
99   cual resbalan las gotas de rocío
100   por el cáliz del lirio perfumado.
101   En el fondo del alma, los recuerdos
102   las sombras del olvido disipando,
103   hacen surgir, esplendorosa y bella,
104   la imagen inmortal de su adorado.
105   Pugna por desecharla ¡anhelo inútil!
106   Vuelve otra vez a orar ¡esfuerzo vano!
107   Que al dirigir sus encendidos ojos
108   al altar que sostiene al Cristo santo,
109   aun a través del mismo crucifijo
110   aparece la imagen de su amado.

DEL LIBRO NEGRO

1   En féretro luciente, tachonado
2   de brillantes estrellas de oro y plata,
3   en hombros el cadáver conducían
4   de mi hermosa adorada.

5   Sus virginales y marmóreas sienes
6   fragantes azucenas coronaban,
7   que sus níveas corolas entreabrían
8   al beso de las auras.

9   Sus labios de carmín, que afrenta fueron
10   de las fragantes rosas encarnadas,
11   el morado matiz de las violetas
12   ya cárdenos mostraban.

13   Su inanimado cuerpo revestía,
14   de raso y oro espléndida mortaja
15   cubierta con un velo vaporoso
16   de transparente gasa.

17   Por sus vidriosos y entornados ojos,
18   traspasando el festón de sus pestañas,
19   un trémulo fulgor aparecía
20   que me llegó hasta el alma.

21   Al recorrer el féretro las calles,
22   curiosa muchedumbre se agrupaba

23   con ansia de admirar, por vez postrera,
24   su beldad celebrada.

25   De cada corazón, tristes suspiros,
26   al contemplar su rostro, se escapaban,
27   de las pupilas, lágrimas ardientes,
28   de los labios, plegarias.

29   Al traspasar el fúnebre recinto
30   de los que fueron, con osada planta,
31   el cuerpo me temblaba, como tiemblan
32   las hojas en las ramas.

33   Y antes de que a la fosa descendiese
34   el gélido cadáver de mi amada,
35   para darle mi adiós, por vez postrera,
36   quise otra vez mirarla.

37   La lloré, sin que el llanto a mis pupilas
38   en abrasantes gotas asomara;
39   la hablé, sin que a mis labios afluyera
40   una sola palabra.

41   Uní mi boca con su yerta boca;
42   estreché convulsivo su garganta,
43   y en aquel triste abrazo y mudo beso
44   la dejé toda el alma.

ACUARELA

1   Sentada al pie del robusto
2   tronco de frondosa ceiba,
3   cuyas ramas tembladoras,
4   de verdes hojas cubiertas,
5   ya se levantan al cielo,
6   ya se inclinan a la tierra;
7   encontré una pobre anciana
8   abandonada y enferma,
9   pálida como la muerte,
10   triste como la miseria.

11   Asomaba a sus pupilas
12   la medrosa luz incierta
13   que irradian en el ocaso
14   las moribundas estrellas,
15   y a su semblante marchito
16   la glacial indiferencia
17   que en la ancianidad temida
18   del corazón se apodera
19   para hacer breves las dichas
20   y eternales las tristezas.

21   En vano ante sus miradas
22   errantes y soñolientas,
23   la creación esplendente
24   ostentaba sus bellezas:
25   y ni el canto de las aves

26 ocultas en la arboleda;
27 ni los purpurinos rayos
28 del sol rasgando la niebla;
29 ni las áureas mariposas
30 temblando en las azucenas;
31 ni las nacaradas nubes
32 de las regiones aéreas;
33 ni los primeros aromas
34 de los lirios y violetas,
35 despertaban en su alma
36 una esperanza risueña,
37 de ésas cuya luz brillante
38 a nuestros ojos presentan
39 mucho más azul el cielo,
40 mucho más verde la tierra.

41 Todo para ella estaba
42 circundado de tinieblas,
43 como su mente sombría
44 de crueles recuerdos llena,
45 y entre las huesosas manos
46 escondía su cabeza
47 que a la tierra se inclinaba,
48 como si buscase en ella
49 término a su desventura,
50 principio a una paz eterna.

51 No pudiendo consolarla
52 en su infortunio y pobreza,
53 apartéme de su lado,
54 y al volver más tarde a verla,
55 tendida la hallé en un lecho
56 formado con hojas secas,
57 caído el rígido cuello
58 sobre ennegrecida piedra,
59 lívido el rostro arrugado,
60 oculta en ropas mugrientas,
61 los párpados entreabiertos,

62   húmedas las blancas greñas.

63   Los pajarillos cantaban
64   una canción lastimera . . .
65   ¡Sólo la ceiba frondosa
66   lloraba a la anciana muerta!

TRAS LA VENTANA

1   A través del cristal de mi ventana,
2   por los rayos del sol iluminado,
3   una alegre mañana
4   de la verde y hermosa primavera,
5   de ésas en que se cubre el fresco prado
6   de blancos lirios y purpúreas rosas,
7   la atmósfera de aromas y canciones,
8   el cielo azul de vivos luminares,
9   de alegría los tristes corazones
10   y la mente de ideas luminosas;
11   yo vi cruzar, por los cerúleos mares,
12   al impulso del viento,
13   ligera y voladora navecilla
14   que, en blando movimiento,
15   se iba alejando de la triste orilla.

16   Espiritual doncella,
17   en brazos de su amante reclinada,
18   iba en la nave aquella;
19   y entonaban tan dulces barcarolas
20   que, de la mar brillante y azulada
21   las transparentes olas,
22   parecían abrir el blanco seno
23   para guardar los ecos armoniosos
24   de aquellos tiernos cantos amorosos,
25   donde vibraba la pasión ardiente
26   que hizo estallar el beso de Paolo
27   de Francesca en el labio sonriente.

28 La rubia cabellera de la hermosa
29 en largos rizos de oro descendía
30 por su mórbida espalda
31 que hecha de nieve y rosa parecía,
32 mientras al borde de su blanca falda
33 asomaba su pie breve y pulido,
34 como su cuello asoma,
35 entre las ramas del caliente nido,
36 enamorada y cándida paloma.

37 Sus pálidas mejillas,
38 al escuchar el argentino acento
39 del galante mancebo enamorado,
40 iban tomando ese matiz rosado
41 que ostentan en sus vívidas corolas,
42 del ígneo sol al resplandor dorado,
43 las frescas y encendidas amapolas.

44 Yo, al oír los eróticos cantares
45 de aquellos dos amantes que cruzaban
46 por los serenos mares,
47 realizando las dichas que soñaban;
48 desde mi estancia lóbrega y desierta
49 pensaba en mi adorada,
50 para esos goces muerta;
51 la que sacó mi alma de la nada
52 infundiéndole vida
53 con la brillante luz de su mirada:
54 aquélla que hoy reposa,
55 libre de los rigores de la suerte,
56 en solitaria fosa,
57 dormida por el beso de la muerte.

58 Y cuando el áureo sol de otra mañana,
59 rompiendo de la noche negro manto,
60 vino a herir el cristal de mi ventana,
61 evaporóse en mi mejilla el llanto
62 que me arrancó del alma aquella escena

63 tan triste y tan hermosa
64 que aun su recuerdo llena
65 de luz y sombra mi alma tenebrosa.

LA NUBE

De Teófilo Gautier

1   En la fuente cristalina
2   de su jardín solitario,
3   se baña la fiel sultana
4   de hermoso cuerpo rosáceo.

5   Ya no ocultan finas telas
6   de su seno los encantos,
7   ni la red de hilos de oro
8   sus cabellos destrenzados.

9   El sultán que la contempla,
10   tras los vidrios del serrallo,
11   dice: —El eunuco vigila,
12   yo solo la veo en el baño. —

13   —Yo también, dice una nube
14   que cruza el azul espacio,
15   veo su cuerpo desnudo
16   de mil perlas inundado. —

17   Pálido Achmed, cual la luna,
18   toma el puñal en su mano
19   y mata a la favorita . . .
20   cuando la nube ha volado.

NOCTURNO

1   En la noche azulada y silenciosa
2   del seno de la tierra se levanta
3   una voz sepulcral, triste, amorosa,
4   que así a mi oído, entre las sombras, canta.

* * *

5   "Cruzando por los mares de la vida
6   arribé de la muerte al firme puerto
7   y observé, con el alma dolorida,
8   que el mundo estaba para ti desierto.

9   "Por eso, al extender su denso manto
10   la noche, por los ámbitos del cielo,
11   vengo a enjugar las gotas de tu llanto,
12   vengo a ofrecer a tu dolor consuelo.

13   "Y como un padre por sus hijos vela
14   — aun desde el triste reino del olvido —
15   mi corazón, que tu ventura anhela,
16   consejos te va a dar, hijo querido.

17   "Huye del mundo y de su pompa vana
18   cual huye del milano la avecilla,
19   y alcanzarás, al perecer mañana,
20   muerte feliz tras vida sin mancilla.

21   "Prodiga el bien, con generosa mano,

22 sin esperar el premio merecido,
23 porque el ingrato corazón humano
24 da premio al bien con el eterno olvido.

25 "No busques los aplausos o el renombre
26 en la lucha tenaz de la existencia:
27 ten sólo por hermano a cada hombre
28 y por único juez a tu conciencia.

29 "Ni sigas de la dicha la luz pura
30 si ves brillar sus rayos a lo lejos;
31 la dicha es como el sol: desde la altura
32 sólo envía a la tierra sus reflejos.

33 "Ni te seduzca la apariencia hermosa:
34 el mal se oculta bajo forma bella,
35 como entre flores sierpe venenosa,
36 como entre nubes hórrida centella.

37 "Donde tenga el dolor una morada
38 dirige allí tus pasos vacilantes.
39 ¡Vale más una lágrima enjugada
40 que una corona de oro y de diamantes!

41 "Si algún pesar el alma te devora
42 ocúltalo del pecho en lo profundo,
43 y en soledad tu desventura llora
44 antes que llegue a conocerlo el mundo."

* * *

45 Es la voz de mi padre. A su sonido
46 feliz el corazón late en mi pecho,
47 y, dando mis pesares al olvido,
48 tranquilo duermo en solitario lecho;

49 como el viajero errante y fatigado,
50 lejos mirando el fin de su camino,
51 se duerme sobre el césped perfumado
52 de un ave oyendo el armonioso trino.

EL ECO

Imitación de Coppée

1   Yo en la soledad he dicho:
2   — ¿Cuándo cesará el dolor
3   que me oprime noche y día?
4   — ¡Nunca! el eco respondió.

5   — ¿Cómo viviré más tiempo,
6   en tan cruel opresión,
7   cual un muerto en su sudario?
8   — ¡Solo! el eco respondió.

9   — ¡Gracias, oh suerte severa!
10   ¿Cómo de mi corazón
11   acallaré los gemidos?
12   — ¡Muere! el eco respondió.

INVERNAL

A Enrique Hernández Miyares

1   Ya del sol los fulgores luminosos
2   ocultos yacen entre nieblas frías;
3   y son los días breves y lluviosos
4   y son las noches largas y sombrías.

5   Con su corriente embravecida, el río
6   de espantoso rumor el aire puebla,
7   llenando la ancha atmósfera de frío
8   y el cielo gris de impenetrable niebla.

9   Bandadas de ruidosas golondrinas
10   ligeras huyen en sesgado vuelo,
11   o escóndense medrosas en las ruinas
12   viendo la lluvia descender al suelo.

13   Ya no guía la luz de las estrellas
14   al viajero perdido en la montaña,
15   como de Abril y Mayo en noches bellas,
16   del pastor a la mísera cabaña.

17   Ya no entona en los bosques el canoro
18   ruiseñor sus armónicos cantares,
19   ni ostentan los naranjos pomas de oro
20   entre ramos de blancos azahares.

21   Ya las áureas abejas laboriosas
22   dejaron solitarias las colmenas;

23   ¡y han muerto ya las purpurinas rosas!
24   ¡y han muerto ya las blancas azucenas!

25   Hasta el fondo sombrío de mi estancia
26   siento llegar, entre húmedos vapores,
27   de alguna flor que aún vive la fragancia,
28   de alguna luz que aún brilla los fulgores.

29   ¡Oh hermosa Primavera! ¿Por qué escondes
30   tu encanto virginal a mis sentidos?
31   ¿Dónde estás que te llamo y no respondes,
32   no respondes jamás a mis gemidos?

33   Yo también en los campos de mi vida
34   siento el invierno lóbrego y sombrío.
35   ¡Mi alma es una floresta destruida!
36   ¡Yo también en el alma tengo frío!

37   La alegre Juventud, aquella diosa
38   que a mi paso sus flores arrojaba,
39   huyó de mí ¡cuando era más hermosa!
40   ¡cuando yo más que nunca la adoraba!

41   Yo dije al verla huir: ¿Por qué te alejas
42   ¡oh Juventud! cuando te quiero tanto?
43   Y ella no oyó mis penetrantes quejas,
44   ni su mano enjugó mi acerbo llanto.

45   Solo en mi mente obscura y tenebrosa
46   su indeleble recuerdo me ha quedado,
47   como queda en el valle alguna rosa
48   después de haber el huracán pasado.

MIS AMORES

Soneto Pompadour

1   Amo el bronce, el cristal, las porcelanas,
2   las vidrieras de múltiples colores,
3   los tapices pintados de oro y flores
4   y las brillantes lunas venecianas.

5   Amo también las bellas castellanas,
6   la canción de los viejos trovadores,
7   los árabes corceles voladores,
8   las flébiles baladas alemanas,

9   el rico piano de marfil sonoro,
10   el sonido del cuerno en la espesura,
11   del pebetero la fragante esencia,

12   y el lecho de marfil, sándalo y oro,
13   en que deja la virgen hermosura
14   la ensangrentada flor de su inocencia.

LAZOS DE AMOR

A un amigo

1   No creas que aminorar
2   anhelo tu hondo sufrir.
3   ¡Contigo quiero sentir!
4   ¡Contigo quiero llorar!

5   El eco de tu querella
6   penetra en el alma mía,
7   como en la ola sombría
8   el fulgor de la centella.

9   Yo también, como tú, vi
10   del cirio a la luz incierta,
11   mi hermosa adorada muerta
12   y el mismo dolor sentí.

13   Aún me parece escuchar
14   la armonía de su acento,
15   más suave que la del viento
16   cuando a la flor va a besar.

17   Aún me parece que veo
18   su primer mirada amante,
19   fúlgida como el diamante,
20   ardiente como el deseo.

21   Aún me parece que aspiro
22   el perfume de esa flor,

23   a quien le falta el calor,
24   el calor de mi suspiro.

25   En mi pálida poesía
26   no encontrarás mi aflicción.
27   ¡Yo llevo en el corazón
28   oculta la pena mía!

29   Busquemos dulce consuelo
30   para dolor tan profundo
31   lejos, muy lejos del mundo,
32   cerca, muy cerca del cielo.

33   Pues uno es nuestro pesar
34   una sea nuestra suerte:
35   ¡las almas que unió la muerte
36   no se deben separar!

AUSENCIA

1   Aunque tirana la suerte
2   hoy de tu lado me aparta,
3   para un amor como el mío
4   no hay en el mundo distancias.

5   Te envío dulces canciones
6   hasta esa región lejana,
7   como el mar azules ondas
8   envía a distante playa.

9   Ellas te dirán —con voces
10   que sólo escuche tu alma—
11   la causa de mis suspiros,
12   de mis lágrimas la causa.

13   Sabrás que sin contemplarte
14   me es la vida tan ingrata
15   como al mundo le sería
16   si el sol nunca lo alumbrara.

17   Que si a veces he dudado
18   de tu amorosa constancia,
19   es porque siempre los celos
20   asedian al que bien ama.

21   Que a la muerte invocaría
22   si nuestro amor terminara.

23   ¡Triste es la vida no amando!
24   ¡Bello es vivir si se ama!

25   Que en vano pasan las horas
26   y en vano los días pasan.
27   ¡Siempre te llevo en la mente!
28   ¡Siempre te llevo en el alma!

EL PUENTE
Imitación de Víctor Hugo

1   Una noche sombría y pavorosa
2   que a lo infinito aterrador miraba,
3   y, a través de las lóbregas tinieblas
4   de la celeste bóveda enlutada,
5   la faz de Dios resplandecer veía;
6   exclamó, llena de ansiedad, mi alma:
7   — ¿Por qué puente seguro y gigantesco
8   podré subir a las regiones altas,
9   para el triste mortal desconocidas,
10   donde el gran Creador tiene su estancia? —
11   Y una blanca visión respondió entonces,
12   con armoniosa voz nunca escuchada,
13   — Yo te haré un puente si subir deseas.
14   — ¿Cuál es tu nombre? dije. — La Plegaria.

EL ANHELO DEL MONARCA

Imitación de Coppée

1   Bajo el purpúreo dosel
2   de su trono esplendoroso,
3   un monarca poderoso
4   ve pasar su pueblo fiel.

5   Arden en los pebeteros
6   los perfumes orientales
7   que, en azules espirales,
8   cruzan los aires ligeros.

9   Con arrogante apostura
10   la hueste guerrera avanza,
11   mostrando la férrea lanza
12   y la fulgente armadura.

13   Ondean los pabellones
14   por el viento desplegados,
15   en los muros elevados
16   de los fuertes torreones.

17   Como el rey entristecido
18   su cabeza doblegaba,
19   pareciendo que buscaba
20   de algún pesar el olvido;

21   vióse hasta el trono subir
22   una mujer seductora,

23   y, con voz encantadora,
24   así comenzó a decir:

25   — ¡Oh gran rey! ¿Qué pena impía
26   nubla tu frente serena,
27   y tu alma piadosa llena
28   de mortal melancolía?

29   ¿Quieres gloria? Tus legiones
30   la tierra conquistarán
31   y ante tus plantas vendrán
32   a postrarse las naciones.

33   ¿Quieres legar a la historia
34   un soberbio monumento
35   que suba hasta el firmamento
36   y eternice tu memoria?

37   ¿Quieres gozar? Mil mujeres
38   de arrobadora belleza,
39   disiparán tu tristeza,
40   colmándote de placeres.

41   Habla. Tu capricho es ley
42   que al instante cumpliremos.
43   ¡Sólo tu dicha queremos!
44   ¡Tú solo eres nuestro rey!
    . . . .
45   El rey, lleno de amargura,
46   la cabeza levantó
47   y a la hermosa contestó,
48   — ¡Cavadme la sepultura!

CONFIDENCIA

1   —¿Por qué lloras, mi pálida adorada,
2 y doblas la cabeza sobre el pecho?
3   —Una idea me tiene torturada
4 y siento el corazón pedazos hecho.

5   —Dímela. —¿No te amaron en la vida?
6   —¡Nunca! —Si mientes, permanezco seria.
7   —Pues oye: sólo tuve una querida
8 que me fue siempre fiel. —¿Quién? —La Miseria.

EL ADIOS DEL POLACO

1   Al pie de la blanca reja
2   de una entreabierta ventana,
3   donde la luz se refleja
4   de la naciente mañana;

5   está un polaco guerrero
6   henchido de patrio ardor,
7   dando así su adiós postrero
8   a la virgen de su amor.

* * *

9   — ¿No escuchas el sonido
10 del clarín estruendoso de batalla
11 y el hórrido estampido
12 del tronante cañón y la metralla?

13 ¿No ves alzarse al cielo
14 rojo vapor de sangre que aún humea,
15 mezclándose en su vuelo
16 al humo negro de incendiaria tea?

17 ¿No ves las numerosas
18 huestes bajar desde la cumbre al llano,
19 hollando las hermosas
20 flores que esparce pródigo el verano?

21 ¿No ves a los tiranos

22 desgarrar de la patria inmaculada,
23 con infamantes manos,
24 la veste azul de perlas recamada?

25 Polonia, enardecida
26 por el rigor de sus constantes penas,
27 álzase decidida
28 a romper para siempre sus cadenas.

29 Al grito de venganza
30 sus esforzados hijos valerosos,
31 empuñando la lanza,
32 se arrojan al combate presurosos.

33 Tu amor abandonando,
34 audaz me lanzo a la feroz pelea
35 —pobre paria buscando
36 muerte a la luz de redentora idea.

37 Ni el tiempo ni la ausencia
38 harán que olvide tu cariño tierno.
39 ¡En la humana existencia
40 sólo el primer amor es el eterno!

41 Adiós. Si de la gloria
42 a merecer no alcanzo los favores,
43 conserva en tu memoria
44 el recuerdo feliz de mis amores.

45 Dame el último beso
46 con el postrer adiós de la partida,
47 para llevarlo impreso
48 hasta el postrer instante de la vida.

* * *

49 Dijo: la joven lo estrecha
50 en sus brazos, con pasión,

51 en llanto amargo deshecha,
52 oprimido el corazón.

53 Veloz como el raudo viento,
54 él al combate voló.
55 ¡Siempre al patriótico acento
56 el amor enmudeció!

LA MAYOR TRISTEZA

Soneto

1   ¡Triste del que atraviesa solitario
2   el árido camino de la vida
3   sin encontrar la hermosa prometida
4   que lo ayude a subir hasta el Calvario!

5   ¡Triste del que, en recóndito santuario,
6   le pide a Dios que avive la extinguida
7   fe que lleva en el alma dolorida
8   cual seca flor en roto relicario!

9   ¡Pero más triste del que, en honda calma,
10   sin creer en Dios ni en la mujer hermosa,
11   sufre el azote de la humana suerte,

12   y siente descender sobre su alma,
13   cual sudario de niebla tenebrosa,
14   el silencio profundo de la muerte!

LAS PALOMAS
Imitación de T. Gautier

1   Sobre la verde palmera
2   que sombrea blanca fosa,
3   viene en la noche a posarse
4   nívea banda de palomas.

5   Pero al brillar en el cielo
6   la roja luz de la aurora,
7   como collar desgranado,
8   se dispersan las palomas.

9   Mi alma es como esa palmera:
10   de noche, ensueños de rosa
11   a ella vienen y de día
12   huyen como las palomas.

QUIMERAS

1   Si escuchas ¡oh adorada soñadora!
2   mis amorosas súplicas,
3   siempre serás la reina de mi alma
4   y mi alma la fiel esclava tuya.

5   Mandaré construir, en fresco bosque
6   de florida verdura,
7   regio castillo de pulido jaspe
8   donde pueda olvidar mi eterna angustia.

9   Tendrás, en ricos cofres perfumados,
10   para ornar tu hermosura,
11   ajorcas de oro, gruesos brazaletes,
12   finos collares y moriscas lunas.

13   Para cubrir los mórbidos contornos
14   de tu espalda desnuda,
15   hecha de nieve y perfumada rosa,
16   mantos suntuosos de brillante púrpura.

17   Te llevará, por lagos cristalinos,
18   en las noches de luna,
19   azul góndola rauda, conducida
20   por blancos cisnes de sedosas plumas.

21   Haré surgir, para encantar tus ojos,
22   en las selvas incultas,

23 cascadas de fulgente pedrería,
24 soles dorados y rosadas brumas.

25   Admirará tus formas virginales
26   de viviente escultura,
27 un Leonardo de Vinci que trasmita
28 al mundo entero tu belleza oculta.

29   Si sientes que las cóleras antiguas
30   surgen de tu alma pura,
31 tendrás, para azotarlas fieramente,
32 negras espaldas de mujeres nubias.

33   Y si anhelas tener tus pajecillos
34   para delicia suma,
35 iré a buscar los blondos serafines
36 que cantan el hosanna en las alturas.

37   Mas si te arranca la implacable Muerte
38   de la mansión augusta,
39 donde serás la reina de mi alma
40 y mi alma la fiel esclava tuya;

41   yo guardaré en mi espíritu sombrío
42   tu lánguida hermosura,
43 como guarda la adelfa en su corola
44 el rayo amarillento de la luna.

LA URNA

1   Cuando era niño, tenía
2   fina urna de cristal,
3   con la imagen de María,
4   ante la cual balbucía
5   mi plegaria matinal.

6   Siendo joven, coloqué,
7   tras los pulidos cristales,
8   la imagen de la que amé
9   y a cuyas plantas rimé
10 mis estrofas mundanales.

11 Muerta ya mi fe pasada
12 y la pasión que sentía,
13 veo, con mirada fría,
14 que está la urna sagrada
15 como mi alma: vacía.

EL ARTE
Soneto

1   Cuando la vida, como fardo inmenso,
2   pesa sobre el espíritu cansado
3   y ante el último Dios flota quemado
4   el postrer grano de fragante incienso;

5   cuando probamos, con afán intenso,
6   de todo amargo fruto envenenado
7   y el hastío, con rostro enmascarado,
8   nos sale al paso en el camino extenso;

9   el alma grande, solitaria y pura
10   que la mezquina realidad desdeña,
11   halla en el Arte dichas ignoradas,

12   como el alción, en fría noche obscura,
13   asilo busca en la musgosa peña
14   que inunda el mar azul de olas plateadas.

A OLIMPIA
Paráfrasis de V. Hugo

1   Ver a una hermosa desnuda
2   en fresco bosque sombrío;
3   no sentir nunca el hastío,
4   ni sentir nunca la duda;

5   ser el noble trovador
6   adorado de las bellas,
7   y, a la luz de las estrellas,
8   cantarles himnos de amor;

9   estar en fiestas brillantes;
10 tener amorosas citas;
11 poder a las Margaritas
12 dar el collar de diamantes;

13 bajo la verde palmera,
14 en noche azul del estío,
15 oír decirnos: "¡Bien mío,
16 yo por ti la vida diera!";

17 morir de amor, reclinado
18 en brazos de Fornarina,
19 mientras la luna ilumina
20 su hermoso cuerpo adorado;

21 volver al suelo natal
22 tras largos años de ausencia;

23 ser el faro de la ciencia
24 en la noche terrenal;

25 vivir en regio castillo
26 que pobló la fantasía;
27 soltar la brava jauría
28 tras el raudo cervatillo;

29 recibir las frescas flores
30 que arrojan las venecianas,
31 desde sus altas ventanas,
32 cual prenda eterna de amores;

33 perdonar a Magdalena
34 las faltas que ha cometido;
35 lograr el ansiado olvido
36 de la más profunda pena;

37 nada envidio tanto yo
38 como haber sido el primero
39 que, al ver tu rostro hechicero,
40 el primer beso te dio.

EL ANHELO DE UNA ROSA

Soneto

A Manuel de la Cruz

1   Yo era la rosa que, en el prado ameno,
2   abrí mi cáliz de encendida grana,
3   donde vertió sus perlas la mañana,
4   como en un cofre de perfumes lleno.

5   Del lago azul en el cristal sereno
6   vi mi corola retratarse ufana,
7   como ante fina luna veneciana
8   ve una hermosura su marmóreo seno.

9   Teniendo que morir, porque el destino
10   hizo que breve mi existencia fuera,
11   arrojándome al polvo del camino;

12   anhelo estar, en mi hora postrimera,
13   prendida en algún seno alabastrino
14   o en los rizos de obscura cabellera.

NOCTURNO

1   Cuando la noche, en el azul del cielo,
2   muestra sus enlutados esplendores,
3   duerme la tierra y, solitario, velo
4   de mi lámpara ardiente a los fulgores.

5   Alrededor de mi sencilla mesa
6   se encuentran mis papeles esparcidos,
7   como del árbol a la sombra espesa
8   las plumas que cayeron de los nidos.

9   Anotando sentidas impresiones
10   o persiguiendo frases armoniosas,
11   escucho del reloj las vibraciones
12   entre las densas sombras misteriosas.

13   Enjambres de quimeras fugitivas
14   surgen de mi cerebro visionario,
15   como surgen las áureas siemprevivas
16   del fondo de un sepulcro solitario.

17   Pensando en el amor de las mujeres
18   que amé en la edad feliz de las pasiones,
19   hallo siempre satánicos placeres
20   en disecar sus muertos corazones.

21   Si evoco la memoria de un amigo
22   que en el país natal vive ignorado,

23   lleno de ruda cólera, maldigo
24   mi anhelo de viajar nunca saciado.

25   Viendo de mi presente el campo yermo
26   recuerdo del pasado horas perdidas,
27   late mi pobre corazón enfermo
28   y se ensanchan sangrando sus heridas.

29   Otras noches, mirando en un retrato
30   el dulce rostro de mi madre anciana,
31   me quedo pensativo luengo rato
32   como el que oye una música lejana.

33   La reflexión, que todo lo envenena,
34   me hace dudar a veces de mí mismo,
35   y entonces, impulsado por mi pena,
36   bajo del Dante al infernal abismo.

37   Contemplando mi lúgubre aislamiento,
38   se escapa hondo gemido de mi boca,
39   y penetra en mi alma el desaliento
40   como el mar en el seno de la roca.

41   Reniego de la hora en que mi alma,
42   por alcanzar el lauro de la gloria,
43   perdió tranquila su dichosa calma,
44   y la vida redujo a inmunda escoria.
     . . . .
45   Así mi juventud, día tras día,
46   cual mi lámpara, triste languidece,
47   sin gozar de la plácida alegría
48   que el mundo entero sin cesar le ofrece.

49   Y de la aurora al resplandor brillante
50   observo siempre con mortal tristeza,
51   que ahuecan las arrugas mi semblante
52   y se cubre de canas mi cabeza.

53   Entonces, arrojando de mi pecho
54   sordo grito que el seno me tortura,
55   caigo rendido en solitario lecho
56   como el muerto en la abierta sepultura.

TODAVIA

1   Siendo niño, una mañana
2   viendo un huérfano errabundo,
3   lleno de dolor profundo,
4   pregunté a mi madre anciana:
5   — ¿Qué hace el huérfano en el mundo?

6   Mi pobre madre inclinó
7   su frente, se echó a llorar
8   y el llanto que derramó
9   entonces, me hizo pensar
10   algo triste que calló.

. . . .

11   Siendo niño, en noche fría,
12   lleno de dolor profundo,
13   vi morir la madre mía
14   y yo digo todavía:
15   — ¿Qué hace el huérfano en el mundo?

ENGAÑADA

Paráfrasis de L. Stecchetti

1 No creas que soy joven. Si no brilla
2 en mi rubio cabello nívea cana
3 y ostento, sonriente, en la mejilla
4 el purpúreo matiz de la manzana;

5 oculta mi alma en su doliente seno
6 abismos insondables de tristeza,
7 como el fruto maldito su veneno
8 tras el vivo color de la corteza.

9 No soy joven, te engañas. Aunque ría
10 y vea el mundo a mi ambición abierto,
11 soy un muerto que marcha todavía . . .
12 No me tientes, mujer; ¡respeta a un muerto!

OFRENDA

En la tumba de un poeta

1   Alguien habrá que ponga en tu sepulcro,
2   bajo el ciprés que tus despojos guarda,
3   cruces labradas, búcaros de flores,
4   lauros triunfales y marmórea estatua.

5   Yo, que te conocí, sólo te ofrezco
6   cual grata ofrenda a tu memoria sacra,
7   esta corona de dolientes rimas
8   que ha esmaltado el rocío de mis lágrimas.

DESOLACION

Soneto

1   ¿No habéis visto la lóbrega capilla
2   del antiguo convento de la aldea?
3   Ya el incensario en el altar no humea
4   ni ardiente cirio ante la imagen brilla.

5   En la torre, agrietada y amarilla,
6   el pájaro fatídico aletea;
7   y a Dios no eleva el pecador la idea,
8   doblegada en el suelo la rodilla.

9   Ningún monje sombrío, solitario,
10   arrebujado en su capucha obscura,
11   póstrase a orar, con místico deseo;

12   y ha tiempo no resuena en el santuario
13   ni la plegaria de la joven pura,
14   ni la blasfemia horrible del ateo.

EL SUENO EN EL DESIERTO

1   Cuando el hijo salvaje del desierto
2   ata su blanca yegua enflaquecida
3   al fuerte tronco de gigante palma,
4   y, tregua dando a su mortal fatiga,
5   cae en el lecho de tostada arena
6   donde la luz reverberar se mira;
7   sueña en los verdes campos anchurosos
8   en que se eleva la gallarda espiga
9   dorada por el sol resplandeciente;
10   en la plácida fuente cristalina
11   que le apaga la sed abrasadora;
12   en la tribu que forma su familia;
13   en el lejano oasis misterioso
14   cuya frescura a descansar convida;
15   y en el harem, poblado de mujeres
16   bellas, como la luz del mediodía,
17   que, entre nubes de aromas enervantes,
18   prodigan al sultán dulces caricias.
     . . . .
19   Pero al salir del sueño venturoso
20   sólo ve, dilatadas las pupilas,
21   desierto, el arenal ilimitado;
22   roja, la inmensa bóveda vacía.

MENSAJE

En un álbum

1 Versos que arranco del laúd sonoro
2 ante el claro fulgor de sus miradas,
3 abrid las alas fúlgidas de oro
4 entre las níveas hojas satinadas.

5 Llevad el álbum a su ebúrnea mano
6 hechas a entretejer en los vergeles,
7 no ramos con las flores del verano,
8 sino verdes coronas de laureles.

9 Lanzad vuestra armonía hasta su oído,
10 oculto del cabello en la guedeja,
11 como hasta el fondo de caliente nido
12 el sol primaveral su luz bermeja.

13 Aletead en la concha de su boca,
14 cuajada en lo interior de ricas perlas,
15 cuyo brillo de ópalo provoca
16 en cálices de oro a disolverlas.

17 Arrullad sus purísimos afectos,
18 donde nunca el dolor clavó su garra,
19 como enjambre de vívidos insectos
20 las verdes uvas de frondosa parra;

21 y traedme, al volver al pensamiento,
22 para olvidar recónditos enojos,
23 ráfagas perfumadas de su aliento,
24 destellos abrasantes de sus ojos.

EN EL MAR
Soneto

1   Abierta al viento la turgente vela
2   y las rojas banderas desplegadas,
3   cruza el barco las ondas azuladas,
4   dejando atrás fosforescente estela.

5   El sol, como lumínica rodela,
6   aparece entre nubes nacaradas,
7   y el pez, bajo las ondas sosegadas,
8   como flecha de plata raudo vuela.

9   ¿Volveré? ¡Quién lo sabe! Me acompaña
10   por el largo sendero recorrido
11   la muda soledad del frío polo.

12   ¿Qué me importa vivir en tierra extraña
13   o en la patria infeliz en que he nacido
14   si en cualquier parte he de encontrarme solo?

ESTATUA DE CARNE

1   Blanco traje de gasa vaporosa
2   cubría los encantos de su cuerpo
3   tendido, entre cojines perfumados,
4   sobre diván de rojo terciopelo.

5   Aureo collar, ornado de rubíes,
6   circundaba las líneas de su cuello,
7   y sus dedos ebúrneos deshojaban
8   ramos fragantes de heliotropos frescos.

9   Ostentaba en sus lánguidas pupilas,
10 abiertas siempre a los hermosos sueños,
11 la blancura opalina de la estrella
12 y la azul transparencia de los cielos.

13 Largo abanico de rosadas plumas
14 colgaba airoso de su talle esbelto,
15 mientras el aura suave deshacía
16 los blondos rizos de su fino pelo.

17 Al contemplar sus formas de bacante
18 que modelaran los artistas griegos,
19 sentí brotar, en mi alma tenebrosa,
20 las llamas abrasantes del deseo;

21 pero al saber la historia de su vida
22 exclamé con pesar: — La compadezco
23 porque nunca, en sus labios purpurinos,
24 probó la miel de los ardientes besos.

LA PENA

Paráfrasis de H. Heine

1   Cuando al fulgor de la aurora
2   que las negras sombras rasga,
3   solitario me paseo
4   alrededor de su casa,
5   parece que me preguntan
6   sus amorosas miradas:
7   — ¿Quién eres? ¿De dónde vienes?
8   ¿Qué pena oprime tu alma?
9   — Soy un poeta nacido
10   en región americana,
11   famosa por sus bellezas
12   y también por sus desgracias.
13   Vengo de lejanas tierras
14   con incurable nostalgia;
15   y si las penas te nombran
16   oirás, niña idolatrada,
17   que nombran la pena mía
18   entre las penas que matan.

MADRIGAL
En un álbum

1   Ahí van mis versos. Negras mariposas
2   nacidas en el campo de mis sueños,
3   no guardan ni el aroma de las rosas
4   que libaron en días más risueños.

5   Si del álbum salvando la distancia
6   alguna de ellas a tus labios toca,
7   haz que muera aspirando la fragancia
8   de la flor purpurina de tu boca.

LA ULTIMA NOCHE
De L. Bouilhet

1   Mi aceite se ha gastado gota a gota
2   y se apagó mi lámpara sin ruido.
3   ¡Nadie ve que mi llanto ya se agota!
4   ¡Nadie recoge mi postrer gemido!

5   Detrás de mí, si vuelvo la cabeza,
6   hallo siempre un fantasma colocado.
7   ¡Ayer testigo fue de mi grandeza!
8   ¡Hoy el cadáver es de mi pasado!

9   El tiempo, con sus rudos aquilones,
10   se lleva hacia la nada, hosca y sombría,
11   de mi vida las bellas ilusiones,
12   loco rebaño que guardé yo un día.

13   ¡Oh noche helada! ¡Dame tu reposo!
14   Mas ¿qué siento en el seno adolorido?
15   ¿Quién se agita en mi seno cavernoso?
16   ¿De quién es ese golpe repetido?

17   ¿Quién eres, dime, ser inconsolable
18   que estás entre mi cuerpo aprisionado?
19   Y una voz dijo, en tono lamentable:
20   —Yo soy tu corazón que nunca ha amado.

FATUIDAD POSTUMA

A mis amigos

1   Cuando yo muera, al borde de mi lecho
2   quiero ver una hermosa reclinada,
3   que escuche, con sonrisas en los labios,
4   la confesión postrera de mis faltas.

5   Anhelo oír, en vez de hondos gemidos,
6   tristes ayes y fúnebres plegarias,
7   de Byron las estrofas inmortales,
8   de Mignon la nostálgica romanza.

9   Haced que junto al féretro se agrupen
10   las vírgenes más bellas de mi patria
11   y que cubran, al son de alegres cantos,
12   mi luctuoso ataúd de rosas blancas.

13   Formando luego perfumada hoguera
14   arrojad mi cadáver a las llamas,
15   y no me abandonéis hasta el instante
16   en que mi cuerpo, bajo formas vagas,
17   ascienda raudo a la celeste altura
18   donde fijé en un tiempo mi esperanza.

19   Mas si queréis guardar mis pobres restos
20   grabad sobre mi tumba estas palabras:
21   "¡Amó sólo en el mundo la Belleza!
22   ¡Que encuentre ahora la Verdad su alma!"

A BERTA

1   Yo no temo el rigor de los tiranos
2   ni el azote brutal de injusta suerte.
3   ¡Témole a tus hechizos sobrehumanos!
4   ¡Lo mismo dan la vida que la muerte!

5   Aunque apartarme de tu lado quiera
6   siempre al poder de tus encantos cedo.
7   ¡Vivir lejos de ti me desespera!
8   ¡Estar cerca de ti me infunde miedo!

9   Por más que avanzas, con ligero paso,
10   hacia la tumba, libre de pesares,
11   tienes los esplendores del ocaso
12   y el encanto terrible de los mares.

13   Dios puso el mal bajo las formas bellas
14   de tu cuerpo gentil que al mundo asombra,
15   como puso detrás de las estrellas
16   la región tenebrosa de la sombra.

17   Por alcanzar la apetecida palma
18   de tu amor, olvidando tu pasado,
19   todo en el mundo lo perdió mi alma . . .
20   ¡hasta el orgullo de sufrir callado!

21   La hora de ser grande ya me tarda
22   porque anulas mis fuerzas infinitas.

23 Cuando quiero subir, dices: aguarda;
24 mas si quiero bajar, me precipitas.

25 Queriendo hallar a mi pasión remedio
26 pedí al estudio bienestar profundo;
27 pero salí, impulsado por el tedio,
28 a buscarte de nuevo por el mundo.

29 Ya que no podré nunca libertarme
30 de esta pasión que causa mi locura,
31 fíngeme que has llegado a idolatrarme
32 y déjame creer en tu impostura.

33 Ayúdame a salvar mi obscuro nombre
34 de las obscuras ondas del olvido,
35 que sólo la mujer hace del hombre
36 héroe adorado o criminal temido.

37 Si me guía la luz de tus miradas
38 escalaré, con épico heroísmo,
39 de la gloria las cimas escarpadas,
40 aunque ruede sangrando en el abismo.

41 Pero si tu alma indiferente, helada,
42 nunca habrá de ser mía, a ningún precio,
43 no arrojes en mi alma lacerada
44 el dardo ponzoñoso del desprecio.

45 Déjame solo desatar los lazos
46 en que me tienen tus encantos preso,
47 porque mi vida dejaré en tus brazos
48 como en tu boca mi ardoroso beso;

49 y mi alma noble, soñadora y franca
50 está por tu pasión envilecida,
51 como ligera mariposa blanca
52 en pantano de sangre sumergida.

VESPERTINO

Soneto

1   Pensativo, vagando entre las ruinas
2   de las viejas moradas señoriales,
3   que rodean espesos matorrales
4   erizados de múltiples espinas;

5   veo las azuladas golondrinas
6   llegar a las regiones tropicales,
7   donde no braman vientos invernales
8   ni obscurecen el cielo las neblinas.

9   Pasan después los rudos labradores,
10   caído el hombro al peso de la azada
11   en que dejó la tierra impuras huellas;

12   y mostrando sombríos esplendores
13   aparece la noche coronada
14   con su diadema fúlgida de estrellas.

LA CANCION DEL TORERO

Imitación de José M. de Heredia

1   De pie, en medio de la arena,
2   frente a los toros furiosos,
3   no turban mi alma serena
4   más que tus ojos celosos.

5   Sentí gritar cien mil voces
6   y en mí, dulces o enojadas,
7   entre bramidos feroces,
8   clavarse cien mil miradas.

9   Vi —como yo no te extrañas—
10 saltar ya desesperados,
11 arrastrando las entrañas,
12 los caballos destripados;

13 vi salir el cuerno rojo
14 del pecho de un picador,
15 que, con temerario arrojo,
16 picó al toro con furor;

17 mas de todo no hice caso,
18 ni hinchó un latido sonoro
19 mi chaquetilla de raso
20 alentejuelada de oro.

21 Ya resuene una palmada,
22 ya me mire una hermosura,

23   con la mano en la cintura
24   no oigo nada ni veo nada.

25   Tan sólo atiendo a la fiera
26   y, alegre, al sentir el choque,
27   la empujo hasta la barrera
28   con mi deslumbrante estoque.

29   Pero al verte hago la cruz
30   porque en tus ojos fulgura
31   del Paraíso la luz,
32   del Infierno la negrura.

IN MEMORIAM

A Miguel Figueroa
en la muerte de su esposa

1   ¿Por qué llorar su muerte prematura
2   ante el sepulcro que su cuerpo encierra?
3   ¡Los astros sólo brillan en la altura!
4   ¡Las rosas se marchitan en la tierra!

5   Disipa la tristeza abrumadora
6   que tu viril espíritu acobarda:
7   ¡la hoz de la implacable segadora
8   tronchó siempre la espiga más gallarda!

9   Enjuga el llanto de tus mustios ojos
10   y emprende valeroso la jornada,
11   aunque obstruyan tu paso los abrojos
12   dejándote la planta ensangrentada.

13   Pero si ya no puedes consolarte
14   y eterna habrá de ser tu desventura,
15   déjame tristemente recordarte
16   el encanto fugaz de su hermosura.

17   Jamás olvido su perfil de diosa,
18   las puras líneas de su busto griego
19   y aquella voz, armónica y unciosa,
20   mezcla de arrullo, de canción y ruego.

21   Había en el fulgor de su mirada,
22   bajo el festón de sus pestañas blondas,

23   la suave claridad de la alborada
24   y el verde cristalino de las ondas.

25   Parecía —al mirar su rostro breve
26   en que el sol tropical no dejó huellas—
27   nacida en un país color de nieve
28   iluminado sólo por estrellas.

29   Rendíanle las gentes homenaje
30   cuando su faz, doblada ante el halago,
31   surgía de las ondas de su traje
32   cual blanco cisne del azul de un lago.

33   Ante el horror de la maldad ajena
34   que a todo noble espíritu impresiona,
35   nunca lanzó la frase que condena
36   sino el lenguaje dulce que perdona.

37   ¡Cuántas veces, en horas tutelares,
38   de la alcoba nupcial en el sosiego,
39   inspiró tus arengas populares,
40   esmaltadas de cláusulas de fuego;

41   y al regresar, ceñido de laureles,
42   al santo hogar en que ella te esperaba,
43   ungió tu frente con las dulces mieles
44   de los besos amantes que te daba!
. . . .
45   El pesar que te hirió con fuerte dardo
46   al recibir su postrimer sonrisa,
47   fue un pesar superior al de Abelardo,
48   cuando escuchó los votos de Eloísa.

49   Y al irse de la tierra en que ha vivido
50   quedó en tu hogar, vacío y desolado,
51   el reflejo de un astro obscurecido
52   y el perfume de un nido abandonado.
. . . .

53   Nunca su imagen en tu mente pierda
54   el triste encanto de que está investida:
55   ¡que es dulce la amargura al que recuerda
56   y amarga la dulzura del que olvida!

CROQUIS PERDIDO
Soneto

A Valdivia

1   Arrastrando sus grillos lastimeros
2   asciende el criminal la última grada,
3   lanza el clarín su fúnebre llamada
4   y brillan en el aire los aceros.

5   Al exhalar sus gritos postrimeros
6   la víctima al suplicio condenada,
7   huye la muchedumbre dispersada
8   como torpe rebaño de carneros.

9   Y una pupila azul, radiosa y bella
10 fulgura tras los pálidos cristales
11 de alto balcón, cerrado y misterioso;

12 como el disco brillante de una estrella,
13 oculto de la niebla en los cendales,
14 sobre el cristal de un lago cenagoso.

IDILIO REALISTA

A Raúl Cay

I

1   Sale el humo en negruzcas espirales
2   del fondo de la roja chimenea
3   y lejos, tras de rocas desiguales,
4   la onda de los mares cabrillea.

5   Bajo la vasta cúpula del cielo
6   fulgurante de vívida escarlata,
7   el aire forma transparente velo
8   que esmaltan chispas de bruñida plata.

9   Alegre salta del redil la oveja,
10   el viento esparce lánguidos aromas,
11   zumba en el aire la dorada abeja
12   y en la torre se arrullan las palomas.

13   Negros bueyes, jaspeados de amarillo,
14   caída la cabeza entre las patas,
15   aspiran la fragancia del tomillo
16   evaporada de las finas matas.

17   Donde la planta su frescura pierde
18   bajo el rayo de sol que la extermina,
19   saca el lagarto su cabeza verde
20   agitando la lengua purpurina.

21   El negro pavo de rojiza cresta

22 abre la cola en forma de abanico
23 o vaga luego, en actitud modesta,
24 escarbando la tierra con el pico.

25 Dirigiendo la vista hacia la altura,
26 semejan los celajes agrupados
27 en el inmenso espacio que fulgura,
28 islas de fuego en mares azulados.

29 Del río azul en las serenas ondas
30 circula el pez de fúlgidas escamas,
31 escuchando brotar de entre las frondas
32 arrullo de aves y crujir de ramas.

33 A los rayos del sol que resplandecen
34 por dondequiera que dirija el paso,
35 las hojas de los plátanos parecen
36 verdes banderas de crujiente raso.

II

37 Apoyando la mano en la mejilla
38 y el codo sobre el rústico cayado,
39 mira el pastor la rubia pastorcilla
40 que saca del aprisco su ganado.

41 Jamás figura de contornos tales
42 cogiendo flores o segando mieses,
43 resplandeció en los lienzos inmortales
44 de los viejos pintores holandeses.

45 Ni soñó nunca el numen de Virgilio
46 colocar, en los bosques de la Arcadia,
47 una belleza femenil de idilio
48 como la que hoy ante los ojos radia.

49 Cuando el amor su corazón agita
50 o colorea su mejilla fresca,

51 tiene la idealidad de Margarita
52 y la mirada ardiente de Francesca.

53 Viendo oscilar fragante florecilla
54 del verde tallo sin piedad la arranca
55 y enseña la torneada pantorrilla
56 provocadora, escultural y blanca.

57 Arreglando después sus trenzas blondas
58 colócase la flor en sus cabellos,
59 y se mira del río entre las ondas,
60 del sol abrasador a los destellos.

61 Alegre, enamorada y sonriente,
62 dirígese al pastor que la codicia
63 y la espera, gozoso e impaciente,
64 para hacerle al instante una caricia.

65 Tímida avanza hacia el follaje espeso,
66 y al oír de su amante las palabras
67 acompañadas de sonoro beso,
68 se olvida al punto de las sueltas cabras.

69 Hasta que al fin, con ansias voluptuosas,
70 dirígense los dos enamorados
71 hacia las soledades misteriosas
72 de los sombríos bosques perfumados.

A LOS ESTUDIANTES
Soneto

1   Víctimas de cruenta alevosía
2   doblasteis en la tierra vuestras frentes,
3   como en los campos llenos de simientes
4   palmas que troncha tempestad bravía.

5   Aún vagan en la atmósfera sombría
6   vuestros últimos gritos inocentes,
7   mezclados a los golpes estridentes
8   del látigo que suena todavía.

9   ¡Dormid en paz los sueños postrimeros
10   en el seno profundo de la nada,
11   que nadie ha de venir a perturbaros;

12   los que ayer no supieron defenderos
13   sólo pueden, con alma resignada,
14   soportar la vergüenza de lloraros!

ADIOS AL BRASIL
DEL EMPERADOR DON PEDRO II

1   Solitario, en la popa de la nave,
2   del poniente a los cárdenos reflejos,
3   habló el Emperador, con su voz grave,
4   mirando sus dominios a lo lejos.

* * *

5   País de promisión idolatrado,
6   obediente a la bárbara consigna
7   me alejo de tus playas desterrado,
8   con alma triste, pero siempre digna.

9   Déjame que recuerde mis hazañas
10   y hacia el pasado el pensamiento vuelva,
11   como el hombre que sube a tus montañas
12   vuelve la vista a la cruzada selva.

13   La sentencia final que me destrona
14   sólo inspira desdén al soberano:
15   ¡aunque llevé en la frente una corona
16   yo he sido tu primer republicano!

17   El vasto imperio que mi vista abarca
18   guardará el sello de mi nombre impreso,
19   porque hasta el fin de su última comarca
20   difundí los fulgores del Progreso.

21   Hice de tu riqueza el firme emporio,
22   alenté el heroísmo de los bravos

23 y proclamé, en el ancho territorio,
24 la ansiada libertad de los esclavos.

25 Dicté a mi pueblo salvadoras leyes,
26 inspiré sus pacíficas conquistas,
27 y más que las coronas de los reyes
28 los lauros envidié de los artistas.
. . . .
29 Aunque recuerde mis gloriosos hechos
30 no impetro mi pasado poderío:
31 ¡la súplica no brota de los pechos
32 viriles y altaneros como el mío!

33 Nadie vea en mi fuga una derrota.
34 Yo prefiero alejarme desterrado
35 antes que derramar sólo una gota
36 de la sangre del último soldado.

37 Ya los años inclinan mi cabeza
38 sobre el sepulcro ante mis pies abierto
39 y sólo me acompaña la tristeza
40 de no quedar en mis dominios muerto.

41 Lleno de gloria y de dolor profundo
42 iré, con el bastón del peregrino,
43 a olvidar mi pasado por el mundo
44 como el viejo poeta florentino.

45 Sombra bendita de mi padre amado
46 cuyo imperio derroca la fortuna,
47 ahí está vuestro cetro respetado:
48 no empañó su esplendor vileza alguna.

49 Hospitalarias costas europeas,
50 hacia las cuales el bajel me guía,
51 cual las del Asia al fugitivo Eneas,
52 un asilo brindad a mi agonía.

53   ¡Adiós, fieles marinos! Nuestros lazos
54   no rompen del extraño los antojos:
55   ¡reprimid el temblor de vuestros brazos!
56   ¡las lágrimas secad de vuestros ojos!

57   ¡Tierra adorada, adiós! Ya la amargura
58   sofoca mis lamentos de proscrito:
59   ¡engrandecerte fue mi desventura!
60   ¡amarte siempre mi único delito!

* * *

61   Dijo: al hacer el buque las señales
62   de partir a horizontes más risueños,
63   rasgaron sus insignias imperiales
64   los heroicos marinos brasileños.

POST UMBRA

1   Cuando yo duerma, solo y olvidado,
2   dentro de obscura fosa,
3   por haber en tu lecho malgastado
4   mi vida vigorosa;

5   cuando en mi corazón, que tuyo ha sido,
6   se muevan los gusanos
7   lo mismo que en un tiempo se han movido
8   los afectos humanos;

9   cuando sienta filtrarse por mis huesos
10   gotas de lluvia helada,
11   y no me puedan reanimar tus besos
12   ni tu ardiente mirada;

13   una noche, cansada de estar sola
14   en tu alcoba elegante,
15   saldrás, con tu belleza de española,
16   a buscar otro amante.

17   Al verte mis amigos licenciosos
18   tan bella todavía,
19   te aclamarán, con himnos estruendosos,
20   la diosa de la orgía.

21   Quizás alguno ¡oh bella pecadora!,
22   mirando tus encantos,

23   te repita, con voz arrulladora,
24   mis armoniosos cantos;

25   aquéllos en que yo celebré un día
26   tus amores livianos,
27   tu dulce voz, tu femenil falsía,
28   tus ojos africanos.

29   Otro tal vez, dolido de mi suerte
30   y con mortal pavura,
31   recuerde que causaste tú mi muerte,
32   mi muerte prematura.

33   Recordará mi vida siempre inquieta,
34   mis ansias eternales,
35   mis sueños imposibles de poeta,
36   mis pasiones brutales.

37   Y, en nuevo amor tu corazón ardiendo,
38   caerás en otros brazos,
39   mientras se esté mi cuerpo deshaciendo
40   en hediondos pedazos.
. . . .
41   Pero yo, resignado a tu falsía,
42   soportaré el martirio.
43   ¿Quién pretende que dure más de un día
44   el aroma de un lirio?

LA CANCION
DE LA MORFINA

1   Amantes de la quimera
2   yo calmaré vuestro mal:
3   soy la dicha artificial,
4   que es la dicha verdadera.

5   Isis que rasga su velo
6   polvoreado de diamantes,
7   ante los ojos amantes
8   donde fulgura el anhelo;

9   encantadora sirena
10   que atrae, con su canción,
11   hacia la oculta región
12   en que fallece la pena;

13   bálsamo que cicatriza
14   los labios de abierta llaga;
15   astro que nunca se apaga
16   bajo su helada ceniza;

17   roja columna de fuego
18   que guía al mortal perdido
19   hasta el país prometido
20   del que no retorna luego;

21   guardo, para fascinar
22   al que siento en derredor,

23 deleites como el amor,
24 secretos como la mar.

25   Tengo las áureas escalas
26 de las celestes regiones;
27 doy al cuerpo sensaciones;
28 presto al espíritu alas.

29   Percibe el cuerpo dormido
30 por mi mágico sopor,
31 sonidos en el color,
32 colores en el sonido.

33   Puedo hacer en un instante,
34 con mi poder sobrehumano,
35 de cada gota un oceano,
36 de cada guija un diamante.

37   Ante la mirada fría
38 del que codicia un tesoro,
39 vierto cascadas de oro
40 en golfos de pedrería.

41   Ante los bardos sensuales
42 de loca imaginación,
43 abro la regia mansión
44 de los goces orientales,

45   donde odaliscas hermosas
46 de róseos cuerpos livianos,
47 cíñenle, con blancas manos,
48 frescas coronas de rosas,

49   y alzan un himno sonoro
50 entre el humo perfumado
51 que exhala el ámbar quemado
52 en pebeteros de oro.
     . . . .

53   Quien me ha probado una vez
54   nunca me abandonará.
55   ¿Qué otra embriaguez hallará
56   superior a mi embriaguez?

57   Tanto mi poder abarca,
58   que conmigo han olvidado
59   su miseria el desdichado,
60   y su opulencia el monarca.

61   Yo venzo a la realidad,
62   ilumino el negro arcano
63   y hago del dolor humano
64   dulce voluptuosidad.

65   Yo soy el único bien
66   que nunca engendró el hastío.
67   ¡Nada iguala el poder mío!
68   ¡Dentro de mí hay un Edén!

69   Y ofrezco al mortal deseo
70   del ser que hirió ruda suerte,
71   con la calma de la Muerte,
72   la dulzura del Leteo.

LA PERLA
Balada

I

1   Alrededor de una perla
2   que el mundo ostenta en su seno,
3   como divino presente
4   de las manos del Eterno;

5   hay dos aves de rapiña
6   contemplando sus destellos:
7   una de plumaje áureo,
8   otra de plumaje negro.

II

9   Viendo la perla romperse
10   entre su concha de cieno,
11   ya afilan los corvos picos,
12   para alcanzar sus fragmentos,

13   las dos aves de rapiña
14   que contemplan sus destellos:
15   una de plumaje áureo,
16   otra de plumaje negro.

VERSOS AZULES

A Ina Lasson

1   Sobre la escena, el pueblo entusiasmado
2   mira surgir tu cuerpo palpitante,
3   como el tallo de un lirio perfumado
4   al borde de un abismo centelleante.

5   Hay en tu seno en que el temor habita,
6   cual negro insecto en nítida camelia,
7   no el valor infantil de Margarita,
8   sí la incesante agitación de Ofelia.

9   Tu rubia cabellera tornasola
10   la luz del gas, con deslumbrante brillo,
11   poniéndote la vívida aureola
12   de las castas figuras de Murillo.

13   Ostentas a los ojos del deseo,
14   en tu rostro de virgen escocesa,
15   líneas puras de antiguo camafeo,
16   donaire altivo de gentil princesa.

17   Bajo las hebras de tus trenzas blondas
18   fulguran tus ensueños siderales,
19   como del mar bajo las verdes ondas
20   ramilletes purpúreos de corales.

21   Al escuchar el amoroso halago,
22   en tus pupilas húmedas destellas

23 la azul pureza del risueño lago
24 donde sólo se han visto las estrellas.

25 Delante de tu angélica hermosura,
26 oyendo tus acentos no escuchados,
27 olvidarían su inmortal tortura
28 los dioses del Olimpo desterrados.

29 Porque al oír tu voz, amante y tierna,
30 la tristeza del alma se evapora,
31 cual la sombra de lóbrega caverna
32 al resplandor rosado de la aurora.

NIEVE

INTRODUCCION

1	Como en noche de invierno, junto al tronco
2	vacilante del árbol amarillo,
3	silencioso el clarín del viento ronco
4	y de la luna al funerario brillo,
5	desciende del brumoso firmamento
6	en copos blancos la irisada nieve,
7	pirámides formando en un momento
8	que ante el disco del sol y al soplo leve
9	del aire matinal, va derretida
10	a perderse en las ondas de los mares;
11	así en la noche obscura de la vida,
12	acallada la voz de mis pesares
13	y al fulgor de mi estrella solitaria,
14	estas frías estrofas descendieron
15	de mi lóbrega mente visionaria,
16	al pie de mi existencia se fundieron,
17	llegaron en volumen a formarse
18	y hoy que a la vida efímera han salido,
19	unidas volarán a dispersarse
20	en las amargas ondas del olvido.

BOCETOS ANTIGUOS

LAS OCEANIDAS

A Enrique José Varona

I

1   Noche de primavera. Solitario,
2   como rosa amarilla en manto negro,
3   destácase ya el disco de la luna
4   en la negrura azul del firmamento,
5   y hasta la tierra, en dilatados haces,
6   envía sus purísimos reflejos
7   que flotan en la atmósfera ambarina,
8   esplendiendo en los montes gigantescos,
9   erguidos en las áridas estepas,
10   y a cuyas faldas, con fragor horrendo,
11   quiebra la mar sus ondas espumantes
12   o arroja de los náufragos los restos.

13   Hosco el semblante, torva la mirada,
14   abierta la nariz, alzado el pecho,
15   flacias las piernas, rígidos los brazos,
16   encadenados los robustos miembros
17   por manos de potencias infernales,
18   en lo más alto de peñón escueto
19   donde sólo la espuma llegar puede,
20   tendido está el doliente Prometeo
21   y sobre él, con las alas entreabiertas,
22   desciende airado el buitre carnicero
23   nacido un día de Tifón y Echydna
24   y enviado por Arbitro Supremo
25   para hacerle expiar eternamente,

26 con el dolor de bárbaro tormento,
27 la grave culpa de robar osado
28 sagrada chispa del celeste fuego.

II

29 Mientras le roe el buitre las entrañas
30 y la sangre se escapa de su cuerpo
31 como un hilo de agua enrojecida
32 que, por las grietas del peñasco negro,
33 baja a perderse al piélago marino,
34 todo yace tranquilo entre el silencio
35 augusto de la noche perfumada
36 por los soplos armónicos del viento
37 que trae de los bosques comarcanos
38 el olor resinoso del abeto,
39 mezclado al de las rojas azaleas
40 que engendran la locura en el cerebro
41 del pájaro que llega fatigado
42 miel a libar en sus pistilos negros.

43 Turbando la quietud de los espacios,
44 de la luna a los fúlgidos destellos,
45 como de un cofre azul joyas brillantes,
46 surgen de pronto del marino seno
47 ejércitos de oceánidas hermosas
48 de garzos ojos y rosados cuerpos
49 que, con ramos de algas en las manos
50 y perlas en los húmedos cabellos
51 color de oro verdoso, quieren todas
52 subir a consolar a Prometeo
53 hasta el alto peñón, donde el heroico
54 titán por levantarse hizo un esfuerzo
55 y al mirarlas, después de oír sus cantos,
56 así les dijo con viril acento.

III

57   —¡Oh ninfas de la mar! No hagáis que acate
58   de Zeus el cobarde poderío:
59   aunque mata el dolor, jamás abate
60   espíritus rebeldes como el mío.

61   Dejadme saborear el goce amargo
62   de provocar sus cóleras supremas,
63   y mientras dure mi tormento largo
64   escupirle a la faz mis anatemas.

65   Aunque mi cuerpo para siempre exista
66   encadenado al pico de esta roca,
67   jamás el llanto empañará mi vista
68   ni brotará un gemido de mi boca.

69   El martirio, si el pecho me tortura,
70   no mi viril espíritu consterna:
71   mientras la tempestad ruge en la altura
72   más fiero es el león en su caverna.

73   Si nunca mi dolor piedad reclama
74   ni mi existencia resistente troncha,
75   de él surgirá mi indestructible fama
76   como surge la perla de la concha.

77   Rebelde quiero ser eternamente
78   antes de resignarme a mi tristeza,
79   que es la resignación fácil pendiente
80   por donde llega el alma a la vileza.

81   Hoy que estriba en sufrir mi único orgullo
82   ante la faz del impasible cielo,
83   no os acerquéis, con amoroso arrullo,
84   a brindarme la afrenta del consuelo.

85   Tornad a vuestros lechos cristalinos
86   porque ya unidos, en sagrados coros,
87   ansían inmolaros los marinos
88   la roja sangre de los negros toros.

IV

89   Calló el titán. Las pálidas estrellas
90   irradiaban sus últimos reflejos
91   en el ambiente de color gris perla,
92   y, al brillar en el ancho firmamento
93   la rósea claridad de la mañana,
94   bajaron las oceánidas gimiendo
95   al seno azul del piélago salobre,
96   mientras seguía el buitre carnicero,
97   con luengas uñas y afilado pico,
98   torturando al vencido Prometeo.

BAJO-RELIEVE

A Vivino Govantes y Govantes

1   El joven gladiador yace en la arena
2   manchada por la sangre purpurina
3   que arroja sin cesar la rota vena
4   de su robusto brazo. Entre neblina
5   azafranada luce su armadura
6   como si el sol, dejando sus regiones,
7   bajado hubiera al redondel. Obscura
8   la fosa está en que rugen los leones
9   olfateando la carne. Aglomerada
10   bulle en torno impaciente muchedumbre
11   que tiende hacia el mancebo la mirada,
12   y, de las gradas en la erguida cumbre
13   abierto el abanico entre las manos,
14   ostentan su hermosura las patricias
15   a los ojos de amantes cortesanos
16   ávidos de gozar de sus caricias.

17   Sacudiendo el cansancio del vencido
18   —¡Arriba, gladiador, una voz grita,
19   que para ornar tus sienes han crecido
20   los laureles del Arno! —¡Necesita
21   el pueblo, otra voz clama, que al combate
22   tornes de nuevo y venzas al contrario!
23   —¡Lidia y triunfa que, a más de tu rescate,
24   dice el edil, cual don extraordinario,
25   pondremos en tus manos un tesoro
26   de sextercios! —Si vences todavía,

27   en mi litera azul, bordada de oro,
28   juntos iremos por la Sacra Vía,
29   murmura una hetaíra. —¡Y en mi lecho
30   perfumado de mirra, al punto exclama
31   otra más bella, encima de tu pecho
32   extinguiré de mi pasión la llama
33   que en lo interior del alma siento ahora,
34   y, aprisionado por ardientes lazos,
35   cuando aparezca la rosada aurora
36   ebrio de amor te encontrará en mis brazos!

37   Al escuchar las voces agitadas,
38   levanta el gladiador la mustia frente,
39   fija en la muchedumbre sus miradas,
40   muéstrale una sonrisa indiferente
41   y, desdeñando los placeres vanos
42   que ofrecen a su alma entristecida,
43   sepulta la cabeza entre las manos
44   viendo correr la sangre de su herida.

LA MUERTE DE MOISES
Leyenda talmúdica

A la Sra. Aurelia
Castillo de González

I

1   Ancha línea de púrpura franjeaba
2   el azul horizonte, donde el astro
3   dorado de la tarde se ocultaba,
4   y el cielo blanquecino semejaba
5   un ánfora volcada de alabastro.

6   Flotaban en el aire los aromas
7   de lentiscos, nopales y palmeras
8   crecidos de la mar en las riberas,
9   y amorosas bandadas de palomas
10   volaban a posarse en las higueras.

11   Las copas de los verdes sicomoros
12   mecidas por los vientos del desierto
13   mezclaban su rumor a los sonoros
14   mugidos prolongados de los toros
15   huyendo de la margen del Mar Muerto.

16   Buitres voraces de potentes garras
17   cerníanse en las fértiles campiñas
18   y se oía la voz de las cigarras
19   cantar entre los troncos de las parras
20   que florecían de Engadí en las viñas.

21   Del poniente a los últimos destellos,

22 con el beduino sobre el alto lomo,
23 cruzaban las legiones de camellos
24 llevando en cofres de bruñido plomo
25 aloe y mirra, incienso y cinamomo.

26 Descendía la noche en el camino
27 y, extinta ya la vespertina lumbre,
28 agobiado de inmensa pesadumbre
29 vióse subir a un viejo peregrino
30 del Moriah negro la arenisca cumbre.

31 Era el legislador del pueblo hebreo
32 que, dejando su choza solitaria,
33 donde llegó su fuerza al apogeo,
34 iba en alas de férvida plegaria
35 a enviar a Dios el postrimer deseo.

36 Vestido con su túnica de pieles,
37 de pieles negras de salvajes cabras,
38 como blandos susurros de laureles
39 y teniendo las nubes de escabeles,
40 elevó hacia el Eterno sus palabras.

II

41 —Puesto que ya mi cuerpo se doblega
42 como el tronco del cedro centenario,
43 y a la inacción mi espíritu se entrega
44 ávido del reposo necesario;
45 puesto que ya se consumó la obra
46 que tu excelsa bondad me confiara,
47 sin que el tedio, el cansancio o la zozobra
48 lograsen que en mi empresa vacilara;
49 puesto que sólo han de encontrar mis ojos
50 del mundo entero en la extensión inmensa,
51 debajo de mis pies, rudos abrojos,
52 encima de mi frente, sombra densa;
53 puesto que ya los míos no me extrañan,

54 apagado el fulgor de mi grandeza,
55 y sólo en mi retiro me acompañan
56 la ancianidad, el tedio y la pobreza;
57 deja que entre los brazos de la muerte
58 vaya a encontrar mi espíritu cansado
59 la paz que ansía el corazón del fuerte
60 después que en los combates ha triunfado.

61 ¿De qué puedo servir a los humanos
62 si el cansancio mi espíritu aniquila,
63 y la fuerza se escapa de mis manos
64 y hasta la sombra anubla mi pupila?
65 ¿No miras cómo el tiempo sus estragos
66 va dejando en los surcos de mi frente,
67 en las miradas de mis ojos vagos,
68 en las negras visiones de mi mente,
69 en la aspereza de mi barba blanca,
70 en la sonrisa amarga de mi boca
71 y hasta en la voz que de mi ser arranca
72 la aspiración mortal que me sofoca?

73 Apiádate, Señor, del pobre siervo
74 que siempre te rindió filial tributo,
75 y la vil postración en que me enervo
76 trueca en el sueño redentor del bruto.

III

77 Cuando expiró de su dolor el grito,
78 como sombría estatua de granito
79 quedó Moisés en la montaña, inerte,
80 esperando que el Angel de la Muerte
81 su espíritu llevara a lo infinito.

82 Llegó a la tierra el lóbrego emisario,
83 mas al tocar del monte en la pendiente
84 huyó aterrado al ver que el solitario
85 mostraba fijo en la anchurosa frente

86   el haz de luces de la zarza ardiente.

87   Sintiendo que volaban los momentos
88   y que a las densas nubes enlutadas
89   subían a perderse sus lamentos,
90   como rumores de olas encrespadas
91   Moisés elevó a Dios estos acentos:

IV

92   —Ya que sólo escucharon las querellas
93   lanzadas por mis íntimos pesares
94   en el cielo azulado, las estrellas,
95   y en los bosques frondosos, los palmares;
96   ya que siempre a tu vista le fue grata
97   del sufrimiento humano la mancilla,
98   que desoyes la voz del que te acata,
99   que desdeñas al alma que se humilla,
100   que el dolor nos pusiste por mordaza,
101   que con el tedio los esfuerzos premias,
102   oirás sólo la voz de mi amenaza
103   y en vez de mis plegarias mis blasfemias.

104   ¿Por qué en la soledad hoy me abandonas
105   tras de haberte mi vida consagrado
106   y de la tierra en las opuestas zonas
107   tu gloria formidable proclamado?
108   ¿Por qué ya a consolarme nunca vienes
109   y me abrevas de angustias infinitas?
110   ¿Por qué nos colmas de divinos bienes
111   y luego en un instante nos los quitas?
112   ¿Por qué no fue mi obra comprendida?
113   ¿Por qué no pude realizar los sueños
114   de internarme en la tierra prometida?
115   ¿Por qué me hiciste grande entre pequeños?

116   Mas si insensible a mi dolor te muestras
117   y en desoír mis súplicas te obstinas,

118   armado de mis cóleras siniestras
119   tu gloria dejaré trocada en ruinas.
120   De la antorcha encendida de mi genio
121   guiado por los rayos siderales,
122   lo que hoy sirve a tus goces de proscenio
123   y de ergástula negra a los mortales,
124   mañana será el campo de batalla
125   en que mi alma, hambrienta de justicia,
126   sacudiendo el dolor que la avasalla,
127   la fuerza humillará de tu sevicia.

128   Como a la palma que en la selva agreste
129   deja crecer tu fuerza creadora,
130   bajo el influjo del calor celeste
131   y el rocío fecundo de la aurora,
132   y cuando en ella el pájaro se anida,
133   y cuando esparce sombra en la maleza,
134   tú, que gozastes en prestarle vida,
135   la destruyes con bárbara fiereza;
136   así yo, que en el mundo he cimentado
137   el poder deslumbrante de tu nombre,
138   lo abatiré, de mi valor armado,
139   ante la vista atónita del hombre.

V

140   Al escuchar la voz amenazante
141   subir entre las brisas del desierto,
142   Dios, por la ira y el temor cubierto,
143   entre rayos de lumbre fulgurante
144   dejó a Moisés en la montaña muerto.

145   Y en medio de la sombra funeraria
146   bajó a ocultar sus gélidos despojos
147   en un rincón de tierra solitaria,
148   donde nadie ha elevado una plegaria
149   ni lloraron jamás humanos ojos.

LA AGONIA DE PETRONIO

A Francisco A. de Icaza

1   Tendido en la bañera de alabastro
2   donde serpea el purpurino rastro
3   de la sangre que corre de sus venas,
4   yace Petronio, el bardo decadente,
5   mostrando coronada la ancha frente
6   de rosas, terebintos y azucenas.

7   Mientras los magistrados le interrogan,
8   sus jóvenes discípulos dialogan
9   o recitan sus dáctilos de oro,
10   y al ver que aquéllos en tropel se alejan
11   ante el maestro ensangrentado dejan
12   caer las gotas de su amargo lloro.

13   Envueltas en sus peplos vaporosos
14   y tendidos los cuerpos voluptuosos
15   en la muelle extensión de los triclinios,
16   alrededor, sombrías y livianas,
17   agrúpanse las bellas cortesanas
18   que habitan del imperio en los dominios.

19   Desde el baño fragante en que aún respira,
20   el bardo pensativo las admira,
21   fija en la más hermosa la mirada
22   y le demanda, con arrullo tierno,
23   la postrimera copa de falerno
24   por sus marmóreas manos escanciada.

25   Apurando el licor hasta las heces,
26   enciende las mortales palideces
27   que obscurecían su viril semblante,
28   y volviendo los ojos inflamados
29   a sus fieles discípulos amados
30   háblales triste en el postrer instante,

31   hasta que heló su voz mortal gemido,
32   amarilleó su rostro consumido,
33   frío sudor humedeció su frente,
34   amoratáronse sus labios rojos,
35   densa nube empañó sus claros ojos,
36   el pensamiento abandonó su mente.

37   Y como se doblega el mustio nardo,
38   dobló su cuello el moribundo bardo,
39   libre por siempre de mortales penas,
40   aspirando en su lánguida postura
41   del agua perfumada la frescura
42   y el olor de la sangre de sus venas.

EL CAMINO DE DAMASCO

A Manuel Gutiérrez Nájera

1   Lejos brilla el Jordán de azules ondas
2   que esmalta el sol de lentejuelas de oro,
3   atravesando las tupidas frondas,
4   pabellón verde del bronceado toro.

5   Del majestuoso Líbano en la cumbre
6   erige su ramaje el cedro altivo,
7   y del día estival bajo la lumbre
8   desmaya en los senderos el olivo.

9   Piafar se escuchan árabes caballos
10   que, a través de la cálida arboleda,
11   van levantando con sus férreos callos
12   en la ancha ruta, opaca polvareda.

13   Desde el confín de las lejanas costas
14   sombreadas por los ásperos nopales,
15   enjambres purpurinos de langostas
16   vuelan a los ardientes arenales.

17   Abrense en las llanuras las cavernas
18   pobladas de escorpiones encarnados,
19   y al borde de las límpidas cisternas
20   embalsaman el aire los granados.

21   En fogoso corcel de crines blancas,
22   lomo robusto, refulgente casco,

23   belfo espumante y sudorosas ancas,
24   marcha por el camino de Damasco,

25   Saulo, elevada su bruñida lanza
26   que, a los destellos de la luz febea,
27   mientras el bruto relinchando avanza,
28   entre nubes de polvo centellea.

29   Tras las hojas de obscuros olivares
30   mira de la ciudad los minaretes,
31   y encima de los negros almenares
32   ondear los azulados gallardetes.

33   Súbito, desde lóbrego celaje
34   que desgarró la luz de hórrido rayo,
35   oye la voz de célico mensaje,
36   cae transido de mortal desmayo,

37   bajo el corcel ensangrentado rueda,
38   su lanza estalla con vibrar sonoro
39   y, a los reflejos de la luz, remeda
40   sierpe de fuego con escamas de oro.

MI MUSEO IDEAL

Diez cuadros de Gustavo Moreau

A Eduardo Rosell

VESTIBULO

Retrato de Gustavo Moreau

1 Rostro que desafía los crueles
2 rigores del destino; frente austera
3 aureolada de larga cabellera,
4 donde al mirto se enlazan los laureles.

5 Creador luminoso como Apeles,
6 si en la Grecia inmortal nacido hubiera
7 cual dios entre los dioses estuviera
8 por el sacro poder de sus pinceles.

9 De su Ideal divino a los fulgores
10 vive de lo pasado entre las ruinas
11 resucitando mágicas deidades;

12 y dormita en sus ojos soñadores,
13 como estrella entre brumas opalinas,
14 la nostalgia febril de otras edades.

I.

SALOME

1   En el palacio hebreo, donde el suave
2   humo fragante, por el sol deshecho,
3   sube a perderse en el calado techo
4   o se dilata en la anchurosa nave;

5   está el Tetrarca de mirada grave,
6   barba canosa y extenuado pecho,
7   sobre el trono, hierático y derecho,
8   como adormido por canciones de ave.

9   Delante de él, con veste de brocado
10   estrellada de ardiente pedrería,
11   al dulce son del bandolín sonoro,

12   Salomé baila y, en la diestra alzado,
13   muestra siempre, radiante de alegría,
14   un loto blanco de pistilos de oro.

II.

LA APARICION

1 Nube fragante y cálida tamiza
2 el fulgor del palacio de granito,
3 ónix, pórfido y nácar. Infinito
4 deleite invade a Herodes. La rojiza

5 espada fulgurante inmoviliza
6 hierático el verdugo, y hondo grito
7 arroja Salomé frente al maldito
8 espectro que sus miembros paraliza.

9 Despójase del traje de brocado
10 y, quedando vestida en un momento,
11 de oro y perlas, zafiros y rubíes,

12 huye del Precursor decapitado
13 que esparce en el marmóreo pavimento
14 lluvia de sangre en gotas carmesíes.

III.

PROMETEO

1   Bajo el dosel de gigantesca roca
2   yace el Titán, cual Cristo en el Calvario,
3   marmóreo, indiferente y solitario,
4   sin que brote el gemido de su boca.

5   Su pie desnudo en el peñasco toca
6   donde agoniza un buitre sanguinario
7   que ni atrae su ojo visionario
8   ni compasión en su ánimo provoca.

9   Escuchando el hervor de las espumas
10   que se deshacen en las altas peñas,
11   ve de su redención luces extrañas,

12   junto a otro buitre de nevadas plumas,
13   negras pupilas y uñas marfileñas
14   que ha extinguido la sed en sus entrañas.

IV.

GALATEA

1   En el seno radioso de su gruta
2   alfombrada de anémonas marinas,
3   verdes algas y ramas coralinas,
4   Galatea, del sueño el bien disfruta.

5   Desde la orilla de dorada ruta
6   donde baten las ondas cristalinas,
7   salpicando de espumas diamantinas
8   el pico negro de la roca bruta,

9   Polifemo, extasiado ante el desnudo
10   cuerpo gentil de la dormida diosa,
11   olvida su fiereza, el vigor pierde

12   y mientras permanece, absorto y mudo,
13   mirando aquella piel color de rosa,
14   incendia la lujuria su ojo verde.

V.

ELENA

1   Luz fosfórica entreabre claras brechas
2   en la celeste inmensidad, y alumbra
3   del foso en la fatídica penumbra
4   cuerpos hendidos por doradas flechas.

5   Cual humo frío de homicidas mechas
6   en la atmósfera densa se vislumbra
7   vapor disuelto que la brisa encumbra
8   a las torres de Ilión, escombros hechas.

9   Envuelta en veste de opalina gasa,
10   recamada de oro, desde el monte
11   de ruinas hacinadas en el llano,

12   indiferente a lo que en torno pasa,
13   mira Elena hacia el lívido horizonte,
14   irguiendo un lirio en la rosada mano.

VI.

HERCULES
ANTE LA HIDRA

1   En el umbral de lóbrega caverna
2   y, a las purpúreas luces del ocaso,
3   surge, acechando del viajero el paso,
4   invencible y mortal, la Hidra de Lerna.

5   Mientras se extasia su maldad interna
6   en mirar esparcidos al acaso
7   cuerpos de piel brillante como el raso,
8   torso viril o ensangrentada pierna;

9   Hércules, coronado de laureles,
10   repleto el cárcaj en el áureo cinto,
11   firme en la diestra la potente maza,

12   ante las sierpes de viscosas pieles
13   detiénese en mitad del laberinto,
14   fulminando en sus ojos la amenaza.

VII.

VENUS ANADYOMENA

1   Sentada al pie de verdinegras moles
2   sobre la espalda de un delfín cetrino
3   que de la aurora el rayo purpurino
4   jaspea de brillantes tornasoles,

5   envuelta en luminosos arreboles,
6   Venus emerge el cuerpo alabastrino,
7   frente al húmedo borde del camino
8   alfombrado de róseos caracoles.

9   Moviendo al aire las plateadas colas,
10   blancas nereidas surgen de las olas
11   y hasta la diosa de ojos maternales

12   llevan, entre las manos elevadas,
13   níveas conchas de perlas nacaradas,
14   ígneas ramas de fúlgidos corales.

VIII.

UNA PERI

1   Sobre alto promontorio en que dardea
2   la aurora sus reflejos de topacio,
3   pálido el rostro y el cabello lacio,
4   blanca Peri su cuerpo balancea.

5   Al claro brillo de la luz febea
6   aléjase del célico palacio,
7   abrazada a su lira en el espacio,
8   retratada en la fúlgida marea.

9   Y al descender en silencioso giro,
10   como visión lumínica de plata,
11   ansiosa de encontrar a la Desdicha,

12   vaga en sus labios lánguido suspiro
13   y en sus violáceos ojos se retrata
14   el cansancio infinito de la Dicha.

IX.

JUPITER Y EUROPA

1   En la playa fenicia, a las boreales
2   radiaciones del astro matutino,
3   surgió Europa del piélago marino,
4   envuelta de la espuma en los cendales.

5   Júpiter, tras los ásperos breñales,
6   acéchala a la orilla del camino
7   y, elevando su cuerpo alabastrino,
8   intérnanse entre obscuros chaparrales.

9   Mientras al borde de la ruta larga
10   alza la plebe su clamor sonoro,
11   mirándola surgir de la onda amarga,

12   desnuda va sobre su blanco toro
13   que, enardecido por la amante carga,
14   erige hacia el azul los cuernos de oro.

X.

HERCULES
Y LAS ESTINFALIDES

1   Rosada claridad de luz febea
2   baña el cielo de Arcadia. Entre gigantes
3   rocas negras de picos fulgurantes,
4   el dormido Estinfalo centellea.

5   Desde abrupto peñasco que azulea
6   Hércules, con miradas fulminantes,
7   el níveo casco de álamos humeantes
8   y la piel del león de la Nemea,

9   apoya el arco en el robusto pecho
10   y las candentes flechas desprendidas
11   rápidas vuelan a las verdes frondas,

12   hasta que mira en su viril despecho
13   caer las Estinfálides heridas,
14   goteando sangre en las plateadas ondas.

SUENO DE GLORIA
Apoteosis de Gustavo Moreau

1	Sombra glacial de bordes argentados
2	enluta la extensión del firmamento,
3	donde vagan los discos apagados
4	de los astros nocturnos. Duerme el viento
5	entre las ondas del Cedrón plomizas
6	que hasta el sombrío Josafat descienden
7	como a un foso inundado de cenizas,
8	y en rápida carrera luego ascienden,
9	salpicando las rocas erizadas
10	en que, lanzando pavorosas quejas,
11	llegan, por las tinieblas ahuyentadas,
12	entreabriendo sus alas, las cornejas.
13	De mortecina luz a los reflejos
14	que clarean el lóbrego horizonte,
15	Jerusalén destácase a lo lejos
16	dormida al pie del solitario Monte
17	de los Olivos. Ramas erigidas
18	en la aspereza de sus firmes flancos
19	parecen lanzas de metal hundidas
20	en cuerpos que a sus áridos barrancos
21	tintos en sangre fueron. Mortal frío
22	del valle solitario se evapora,
23	el bosque ostenta fúnebre atavío,
24	siente el mundo nostalgia de la aurora,
25	silencio aterrador el aire puebla
26	y semeja la bóveda del cielo

27   encresponada de hórrida tiniebla,
28   un palio de sombrío terciopelo.

* * *

29   Chispas brillantes, como perlas de oro,
30   enciéndense en la gélida negrura
31   de la celeste inmensidad. Sonoro
32   rumor de alas de nítida blancura
33   óyese resonar en el espacio
34   que se vela de nubes coloreadas
35   de nácar, de granate, de topacio
36   y amatista. De estrellas coronadas
37   las sienes, y la rubia cabellera
38   esparcida en las vestes azuladas,
39   como flores de extraña primavera,
40   legiones de rosados serafines,
41   con el clarín de plata entre las manos,
42   anuncian, de la tierra en los confines,
43   el juicio universal de los humanos.

44   Tras ellos, entre brumas opalinas
45   de matinal crepúsculo radioso,
46   como un ídolo antiguo sobre ruinas,
47   divino, patriarcal y esplendoroso,
48   asoma el Creador. Nimbo fulgente,
49   cuajado de brillantes y rubíes,
50   luz proyecta en el mármol de su frente;
51   dalmática de pliegues carmesíes,
52   rameados de oro, envuelve sus espaldas;
53   haz de luces agita entre la diestra
54   y chispea erigido en su siniestra
55   áureo globo, esmaltado de esmeraldas,
56   perlas, zafiros y ópalos. Irisa
57   el haz la seda de su barba cana,
58   vaga en sus labios paternal sonrisa,
59   brilla en sus ojos la piedad cristiana
60   y parece, flotando en la serena
61   atmósfera de luz que lo corona,

62   más que el Dios iracundo que condena,
63   el Dios munificente que perdona.

* * *

64   Al son de los clarines celestiales
65   dilatado en los ámbitos del mundo,
66   álzanse de sus lechos sepulcrales
67   como visiones de entre lodo inmundo,
68   revestidos de formas corporales,
69   los míseros humanos. Se respira
70   de Josafat en el espacio inmenso
71   acre olor de sepulcros, y se mira
72   revolotear en el ambiente denso
73   enjambre zumbador de verdes moscas
74   que, cual fúlgidas chispas de metales,
75   surgen del fondo de las tumbas hoscas,
76   donde, bajo las capas terrenales
77   en que está la materia amortajada,
78   del gusano cruel bajo los besos,
79   atónita descubre la mirada
80   la blancura amarilla de los huesos.

* * *

81   Bajo el dosel de verdinegro olivo
82   que al brillo de la luz se atornasola,
83   bella y sombría, con el rostro altivo
84   tornado a los mortales, brilla sola
85   entre la flor de la belleza humana,
86   Elena, la cruenta soberana
87   de la inmortal Ilión. A los destellos
88   deslumbradores de la luz celeste,
89   fórmanle, destrenzados, los cabellos
90   de gasa de oro esplendorosa veste
91   que esparce por sus hombros sonrosados
92   para cubrir su desnudez. Deshoja
93   nívea flor en sus dedos nacarados,
94   y al viento vagabundo luego arroja
95   sus pétalos fragantes.
                   Cerca de ella

96	aparece del valle en la pendiente
97	la figura grandiosa, sacra y bella
98	del divino Moreau. Muestra en la frente
99	el lauro de los genios triunfadores,
100	baña su rostro angélica dulzura
101	y brilla en su mirada la ternura
102	del alma de los santos soñadores.
103	Elena, al contemplar la faz augusta
104	del genio colosal, baja los ojos,
105	plácida torna su mirada adusta,
106	colorean su tez matices rojos,
107	intensa conmoción su seno agita,
108	arde la sangre en sus azules venas,
109	el amor en su alma resucita
110	y olvidando la imagen de las penas
111	que le están por sus culpas reservadas,
112	del valle tumultuoso en el proscenio,
113	húmedas por el llanto las mejillas,
114	balbucea, postrada de rodillas,
115	frases de amor ante los pies del Genio.

* * *

116	Dios, al mirar desde el azul del cielo
117	la Belleza del Genio enamorada,
118	sus culpas olvidó, sació su anhelo
119	y, rozando los límites del suelo,
120	descendió a bendecir la unión sagrada.

* * *

121	Obscurece. Celajes enlutados
122	tapizan el azul del firmamento
123	y, cual fragantes lirios enlazados,
124	por la región magnífica del viento
125	ascienden los eternos desposados
126	a olvidar sus miserias terrenales
127	donde las almas sin cansancios aman
128	bañadas de fulgores siderales,
129	y el ambiente lumínico embalsaman
130	las flores de jardines celestiales.

CROMOS ESPANOLES

A Enrique Hernández Miyares

UNA MAJA

1   Muerden su pelo negro, sedoso y rizo
2   los dientes nacarados de alta peineta
3   y surge de sus dedos la castañeta
4   cual mariposa negra de entre el granizo.

5   Pañolón de Manila, fondo pajizo,
6   que a su talle ondulante firme sujeta,
7   echa reflejos de ámbar, rosa y violeta
8   moldeando de sus carnes todo el hechizo.

9   Cual tímidas palomas por el follaje,
10   asoman sus chapines bajo su traje
11   hecho de blondas negras y verde raso,

12   y al choque de las copas de manzanilla
13   riman con los tacones la seguidilla,
14   perfumes enervantes dejando al paso.

UN TORERO

1   Tez morena encendida por la navaja,
2   pecho alzado de eunuco, talle que aprieta
3   verde faja de seda, bajo chaqueta
4   fulgurante de oro cual rica alhaja.

5   Como víbora negra que un muro baja
6   y a mitad del camino se enrosca quieta,
7   aparece en su nuca fina coleta
8   trenzada por los dedos de amante maja.

9   Mientras aguarda oculto tras un escaño
10 y cubierta la espada con rojo paño
11 que, mugiendo, a la arena se lance el toro,

12 sueña en trocar la plaza febricitante
13 en purpúreo torrente de sangre humeante
14 donde quiebre el ocaso sus flechas de oro.

UN FRAILE

1   Descalzo, con obscuro sayal de lana,
2   sobre el lomo rollizo de su jumento,
3   mendigando limosnas para el convento
4   va el fraile franciscano por la mañana.

5   Tras él resuena el toque de la campana
6   que a la misa convoca con dulce acento
7   y se pierde en las nubes del firmamento
8   teñidas por la aurora de oro y de grana.

9   Opreso entre la diestra lleva el breviario,
10   pende de su cintura tosco rosario,
11   cestas de provisiones su mente forja

12   y escucha que, a lo largo del gran camino,
13   respondiendo al rebuzno de su pollino
14   silba el aire escondiéndose entre la alforja.

MARFILES VIEJOS

TRISTISSIMA NOX

1	Noche de soledad. Rumor confuso
2	hace el viento surgir de la arboleda,
3	donde su red de transparente seda
4	grisácea araña entre las hojas puso.
5	Del horizonte hasta el confín difuso
6	la onda marina sollozando rueda
7	y, con su forma insólita, remeda
8	tritón cansado ante el cerebro iluso.
9	Mientras del sueño bajo el firme amparo
10	todo yace dormido en la penumbra,
11	sólo mi pensamiento vela en calma,
12	como la llama de escondido faro
13	que con sus rayos fúlgidos alumbra
14	el vacío profundo de mi alma.

A UN AMIGO

Enviándole los versos de Leopardi

1   ¿Eres dichoso? Si tu pecho guarda
2   alguna fibra sana todavía
3   ¡reserva el don que mi amistad te envía!
4   ¡El tiempo de apreciarlo nunca tarda!

5   Mas si cruel destino te acobarda
6   y tu espíritu, hundido en la agonía,
7   divorciarse del cuerpo sólo ansía
8   porque ya nada de la vida aguarda;

9   abre ese libro de inmortales hojas
10   donde el genio más triste de la tierra
11   — águila que vivió presa en el lodo —

12   te enseñará, rimando sus congojas,
13   todo lo grande que el dolor encierra
14   y la infinita vanidad de todo.

AL MISMO

Enviándole mi retrato

1   No busques tras el mármol de mi frente
2   del Ideal la esplendorosa llama
3   que hacia el templo marmóreo de la Fama
4   encaminó mi paso adolescente;

5   ni tras el rojo labio sonriente
6   la paz del corazón de quien te ama,
7   que entre el verdor de la florida rama
8   ocúltase la pérfida serpiente.

9   Despójate de vanas ilusiones,
10   clava en mi rostro tu mirada fría
11   como su pico el pájaro en el fruto,

12   y sólo encontrarás en mis facciones
13   la indiferencia del que nada ansía
14   o la fatiga corporal del bruto.

PAX ANIMAE

1   No me habléis más de dichas terrenales
2   que no ansío gustar. Está ya muerto
3   mi corazón y en su recinto abierto
4   sólo entrarán los cuervos sepulcrales.

5   Del pasado no llevo las señales
6   y a veces de que existo no estoy cierto,
7   porque es la vida para mí un desierto
8   poblado de figuras espectrales.

9   No veo más que un astro obscurecido
10 por brumas de crepúsculo lluvioso,
11 y, entre el silencio de sopor profundo,

12 tan sólo llega a percibir mi oído
13 algo extraño y confuso y misterioso
14 que me arrastra muy lejos de este mundo.

A MI MADRE

1   No fuiste una mujer, sino una santa
2   que murió de dar vida a un desdichado,
3   pues salí de tu seno delicado
4   como sale una espina de una planta.

5   Hoy que tu dulce imagen se levanta
6   del fondo de mi lóbrego pasado,
7   el llanto está a mis ojos asomado,
8   los sollozos comprimen mi garganta,

9   y aunque yazgas trocada en polvo yerto,
10   sin ofrecerme bienhechor arrimo,
11   comoquiera que estés siempre te adoro,

12   porque me dice el corazón que has muerto
13   por no oírme gemir, como ahora gimo,
14   por no verme llorar, como ahora lloro.

MI PADRE

1   Rostro de asceta en que el dolor se advierte
2   como el frío en el disco de la luna,
3   mirada en que al amor del bien se aduna
4   la firme voluntad del hombre fuerte.

5   Tuvo el alma más triste que la muerte
6   sin que sufriera alteración alguna,
7   ya al sentir el favor de la fortuna,
8   ya los rigores de la adversa suerte.

9   Abrasado de férvido idealismo,
10   despojada de sombras la conciencia,
11   sordo del mundo a las confusas voces,

12   en la corriente azul del misticismo
13   logró apagar, al fin de la existencia,
14   su sed ardiente de inmortales goces.

PAISAJE ESPIRITUAL

1	Perdió mi corazón el entusiasmo
2	al penetrar en la mundana liza,
3	cual la chispa al caer en la ceniza
4	pierde el ardor en fugitivo espasmo.
5	Sumergido en estúpido marasmo
6	mi pensamiento atónito agoniza
7	o, al revivir, mis fuerzas paraliza
8	mostrándome en la acción un vil sarcasmo.
9	Y aunque no endulcen mi infernal tormento
10	ni la Pasión, ni el Arte, ni la Ciencia,
11	soporto los ultrajes de la suerte,
12	porque en mi alma desolada siento
13	el hastío glacial de la existencia
14	y el horror infinito de la muerte.

A LA PRIMAVERA

1   Rasgando las neblinas del Invierno
2   como velo sutil de níveo encaje,
3   apareces envuelta en el ropaje
4   donde fulgura tu verdor eterno.

5   El cielo se colora de azul tierno,
6   de rojo el sol, de nácar el celaje
7   y hasta el postrer retoño del boscaje
8   toma también tu verde sempiterno.

9   ¡Cuán triste me parece tu llegada!
10   ¡Qué insípidos tus dones conocidos!
11   ¡Cómo al verte el hastío me consume!

12   Muere al fin, creadora ya agotada,
13   o brinda algo de nuevo a los sentidos . . .
14   ¡ya un color, ya un sonido, ya un perfume!

A UN CRITICO

1   Yo sé que nunca llegaré a la cima
2   donde abraza el artista a la Quimera
3   que dotó de hermosura duradera
4   en la tela, en el mármol o en la rima;

5   yo sé que el soplo extraño que me anima
6   es un soplo de fuerza pasajera
7   y que el Olvido, el día que yo muera,
8   abrirá para mí su obscura sima.

9   Mas sin que sienta de vivir antojos
10   y sin que nada mi ambición despierte,
11   tranquilo iré a dormir con los pequeños,

12   si veo fulgurar ante mis ojos,
13   hasta el instante mismo de la muerte,
14   las visiones doradas de mis sueños.

A LA CASTIDAD

1   Yo no amo la Mujer, porque en su seno
2   dura el amor lo que en la rama el fruto,
3   y mi alma vistió de eterno luto
4   y en mi cuerpo infiltró mortal veneno.

5   Ni con voz de ángel o lenguaje obsceno
6   logra en mí enardecer al torpe bruto
7   que si le rinde varonil tributo
8   agoniza al instante de odio lleno.

9   ¡Oh blanca Castidad! Sé el ígneo faro
10   que guíe el paso de mi planta inquieta
11   a través del erial de las pasiones

12   y otórgame, en mi horrendo desamparo,
13   con los dulces ensueños del poeta
14   la calma de los puros corazones.

AL JUEZ SUPREMO

1   No arrancó la Ambición las quejas hondas
2   ni el Orgullo inspiró los anatemas
3   que atraviesan mis mórbidos poemas
4   cual aves negras entre espigas blondas.

5   Aunque la Dicha terrenal me escondas
6   no a la voz de mis súplicas le temas,
7   que ni lauros, ni honores, ni diademas
8   turban de mi alma las dormidas ondas.

9   Si algún día mi férvida plegaria
10   ¡oh Dios mío! en blasfemia convertida
11   vuela a herir tus oídos paternales,

12   es que no siente mi alma solitaria,
13   en medio de la estepa de la vida,
14   el calor de las almas fraternales.

FLOR DE CIENO

1   Yo soy como una choza solitaria
2   que el viento huracanado desmorona
3   y en cuyas piedras húmedas entona
4   hosco buho su endecha funeraria.

5   Por fuera sólo es urna cineraria
6   sin inscripción, ni fecha, ni corona;
7   mas dentro, donde el cieno se amontona,
8   abre sus hojas fresca pasionaria.

9   Huyen los hombres al oír el canto
10   del buho que en la atmósfera se pierde
11   y, sin que sepan reprimir su espanto,

12   no ven que, como planta siempre verde,
13   entre el negro raudal de mi amargura
14   guarda mi corazón su esencia pura.

INQUIETUD

1   Miseria helada, eclipse de ideales,
2   de morir joven triste certidumbre,
3   cadenas de oprobiosa servidumbre,
4   hedor de las tinieblas sepulcrales;

5   centelleo de vívidos puñales
6   blandidos por ignara muchedumbre,
7   para arrojarnos desde altiva cumbre
8   hasta el fondo de infectos lodazales;

9   ante nada mi paso retrocede,
10   pero aunque todo riesgo desafío,
11   nada mi corazón perturba tanto,

12   como pensar que un día darme puede
13   todo lo que hoy me encanta, amargo hastío,
14   todo lo que hoy me hastía, dulce encanto.

A UN DICTADOR

1   Noble y altivo, generoso y bueno
2   apareciste en tu nativa tierra,
3   como sobre la nieve de alta sierra
4   de claro día el resplandor sereno.

5   Torpe ambición emponzoñó tu seno
6   y, en el bridón siniestro de la guerra,
7   trocaste el suelo que tu polvo encierra
8   en abismo de llanto, sangre y cieno.

9   Mas si hoy execra tu memoria el hombre,
10 no del futuro en la extensión remota
11 tus manes han de ser escarnecidos;

12 porque tuviste, paladín sin nombre,
13 en la hora cruel de la derrota,
14 el supremo valor de los vencidos.

TRAS UNA ENFERMEDAD

1   Ya la fiebre domada no consume
2   el ardor de la sangre de mis venas,
3   ni el peso de sus cálidas cadenas
4   mi cuerpo débil sobre el lecho entume.

5   Ahora que mi espíritu presume
6   hallarse libre de mortales penas,
7   y que podrá ascender por las serenas
8   regiones de la luz y del perfume;

9   haz ¡oh Dios! que no vean ya mis ojos
10   la horrible Realidad que me contrista
11   y que marche en la inmensa caravana,

12   o que la fiebre, con sus velos rojos,
13   oculte para siempre ante mi vista
14   la desnudez de la miseria humana.

EN UN HOSPITAL

1   Tabernáculo abierto de dolores
2   que ansía echar el mundo de su seno,
3   como la nube al estruendoso trueno
4   que la puebla de lóbregos rumores;

5   plácenme tus sombríos corredores
6   con su ambiente impregnado del veneno
7   que dilatan en su ámbito sereno
8   los males de tus tristes moradores.

9   Hoy que el dolor mi juventud agosta
10   y que mi enfermo espíritu intranquilo
11   ve su ensueño trocarse en hojarasca,

12   pienso que tú serás la firme costa
13   donde podré encontrar seguro asilo
14   en la hora fatal de la borrasca.

LA GRUTA DEL ENSUENO

A Edouard Cornelius Price

ANTE EL RETRATO
DE JUANA SAMARY

1   Nunca te conocí, mas yo te he amado
2   y, en mis horas amargas de tristeza,
3   tu imagen ideal he contemplado
4   extasiándome siempre en su belleza.

5   Aunque en ella mostrabas la alegría
6   que reta a los rigores de la suerte,
7   detrás de tus miradas yo advertía
8   el terror invencible de la muerte.

9   Y no te amé por la sonrisa vana
10   con que allí tu tristeza se reviste;
11   te amé porque en ti hallaba un alma hermana,
12   alegre en lo exterior y dentro triste.

13   Hoy ya no atraes las miradas mías
14   ni mi doliente corazón alegras,
15   en medio del cansancio de mis días
16   o la tristeza de mis noches negras;

17   porque al saber que de tu cuerpo yerto
18   oculta ya la tierra los despojos,
19   siento que algo de mí también ha muerto
20   y se llenan de lágrimas mis ojos.

21   Feliz tú que emprendiste el raudo vuelo
22   hacia el bello país desconocido

23 donde esparce su aroma el asfodelo
24 y murmura la fuente del olvido.

25 Igual suerte en el mundo hemos probado,
26 mas ya contra ella mi dolor no clama:
27 si tú nunca sabrás que yo te he amado
28 tal vez yo ignore siempre quién me ama.

CAMAFEO

1   ¿Quién no le rinde culto a tu hermosura
2   y ante ella de placer no se enajena,
3   si hay en tu busto líneas de escultura
4   y hay en tu voz acentos de sirena?

5   Dentro de tus pupilas centelleantes,
6   adonde nunca se asomó un reproche,
7   llevas el resplandor de los diamantes
8   y la sombra profunda de la noche.

9   Hecha ha sido tu boca purpurina
10   con la sangre encendida de la fresa,
11   y tu faz con blancuras de neblina
12   donde quedó la luz del sol impresa.

13   Bajo el claro fulgor de tu mirada
14   como rayo de sol sobre la onda,
15   vaga siempre en tu boca perfumada
16   la sonrisa inmortal de la Yoconda.

17   Desciende en negros rizos tu cabello
18   lo mismo que las ondas de un torrente,
19   por las líneas fugaces de tu cuello
20   y el jaspe sonrosado de tu frente.

21   Presume el corazón que te idolatra
22   como a una diosa de la antigua Grecia,

23   que tienes la belleza de Cleopatra
24   y la virtud heroica de Lucrecia.

25   Mas no te amo. Tu hermosura encierra
26   tan sólo para mí focos de hastío . . .
27   ¿Podrá haber en los lindes de la tierra
28   un corazón tan muerto como el mío?

BLANCO Y NEGRO

I

1   Sonrisas de las vírgenes difuntas
2   en ataúd de blanco terciopelo
3   recamado de oro; manos juntas
4   que os eleváis hacia el azul del cielo
5   como lirios de carne; tocas blancas
6   de pálidas novicias absorbidas
7   por los ensueños celestiales; francas
8   risas de niños rubios; despedidas
9   que envían los ancianos moribundos
10   a los seres queridos; arreboles
11   de los finos celajes errabundos
12   por las ondas del éter; tornasoles
13   que ostentan en sus alas las palomas
14   al volar hacia el sol; verdes palmeras
15   de los desiertos africanos; gomas
16   árabes en que duermen las quimeras;
17   miradas de los pálidos dementes
18   hacia las flores del jardín; crespones
19   con que se ocultan sus nevadas frentes
20   las vírgenes; enjambres de ilusiones
21   color de rosa que en su seno encierra
22   el alma que no hirió la desventura;
23   arrebatadme al punto de la tierra,
24   que estoy enfermo y solo y fatigado
25   y deseo volar hacia la altura
26   porque allí debe estar lo que yo he amado.

II

27   Oso hambriento que vas por las montañas
28   alfombradas de témpanos de hielo,
29   ansioso de saciarte en las entrañas
30   del viajador; relámpago del cielo
31   que amenazas la vida del proscrito
32   en medio de la mar; hidra de Lerna
33   armada de cabezas; infinito
34   furor del dios que en líquida caverna
35   un día habrá de devorarnos; hachas
36   que segasteis los cuellos sonrosados
37   de las princesas inocentes; rachas
38   de vientos tempestuosos; afilados
39   colmillos de las hienas escondidas
40   en las malezas; tenebrosos cuervos
41   cernidos en los aires; homicidas
42   balas que herís a los dormidos ciervos
43   a orillas de los lagos; pesadillas
44   que pobláis el espíritu de espanto;
45   fiebre que empalideces las mejillas
46   y el cabello blanqueas; desencanto
47   profundo de mi alma despojada
48   para siempre de humanas ambiciones;
49   despedazad mi ser atormentado
50   que cayó de las célicas regiones
51   y devolvedme al seno de la nada . . .
52   ¿Tampoco estará allí lo que yo he amado?

FLORES

1   Mi corazón fue un vaso de alabastro
2   donde creció, fragante y solitaria,
3   bajo el fulgor purísimo de un astro
4   una azucena blanca: la plegaria.

5   Marchita ya esa flor de suave aroma,
6   cual virgen consumida por la anemia,
7   hoy en mi corazón su tallo asoma
8   una adelfa purpúrea: la blasfemia.

VESPERTINO

I

1   Agoniza la luz. Sobre los verdes
2   montes alzados entre brumas grises,
3   parpadea el lucero de la tarde
4   cual la pupila de doliente virgen
5   en la hora final. El firmamento
6   que se despoja de brillantes tintes
7   aseméjase a un ópalo grandioso
8   engastado en los negros arrecifes
9   de la playa desierta. Hasta la arena
10   se va poniendo negra. La onda gime
11   por la muerte del sol y se adormece
12   lanzando al viento sus clamores tristes.

II

13   En un jardín, las áureas mariposas
14   embriagadas están por los sutiles
15   aromas de los cálices abiertos
16   que el sol espolvoreaba de rubíes,
17   esmeraldas, topacios, amatistas
18   y zafiros. Encajes invisibles
19   extienden en silencio las arañas
20   por las ramas nudosas de las vides
21   cuajadas de racimos. Aletean

22 los flamencos rosados que se irguen
23 después de picotear las fresas rojas
24 nacidas entre pálidos jazmines.
25 Graznan los pavos reales.
          Y en un banco
26 de mármoles bruñidos, que recibe
27 la sombra de los árboles coposos,
28 un joven soñador está muy triste,
29 viendo que el aura arroja en un estanque
30 jaspeado de metálicos matices,
31 los pétalos fragantes de los lirios
32 y las plumas sedosas de los cisnes.

KAKEMONO

1   Hastiada de reinar con la hermosura
2   que te dio el cielo, por nativo dote,
3   pediste al arte su potente auxilio
4   para sentir el anhelado goce
5   de ostentar la hermosura de las hijas
6   del país de los anchos quitasoles
7   pintados de doradas mariposas
8   revoloteando entre azulinas flores.

9   Borrando de tu faz el fondo níveo
10   hiciste que adquiriera los colores
11   pálidos de los rayos de la luna,
12   cuando atraviesan los sonoros bosques
13   de flexibles bambúes. Tus mejillas
14   pintaste con el tinte que se esconde
15   en el rojo cinabrio. Perfumaste
16   de almizcle conservado en negro cofre
17   tus formas virginales. Con obscura
18   pluma de golondrina puesta al borde
19   de ardiente pebetero, prolongaste
20   de tus cejas el arco. Acomodóse
21   tu cuerpo erguido en amarilla estera
22   y, ante el espejo oval, montado en cobre,
23   recogiste el raudal de tus cabellos
24   con agujas de oro y blancas flores.

25   Ornada tu belleza primitiva
26   por diestra mano, con extraños dones,
27   sumergiste tus miembros en el traje
28   de seda japonesa. Era de corte
29   imperial. Ostentaba ante los ojos
30   el azul de brillantes gradaciones
31   que tiene el cielo de la hermosa Yedo,
32   el rojo que la luz deja en los bordes
33   del raudo Kisogawa y la blancura
34   jaspeada de fulgentes tornasoles
35   que, a los granos de arroz en las espigas,
36   presta el sol con sus ígneos resplandores.
37   Recamaban tu regia vestidura
38   cigüeñas, mariposas y dragones
39   hechos con áureos hilos. En tu busto
40   ajustado por anchos ceñidores
41   de crespón, amarillos crisantemos
42   tu sierva colocó. Cogiendo entonces
43   el abanico de marfil calado
44   y plumas de avestruz, a los fulgores
45   de encendidas arañas venecianas,
46   mostraste tu hermosura en los salones,
47   inundando de férvida alegría
48   el alma de los tristes soñadores.

49   ¡Cuán seductora estabas! ¡No más bella
50   surgió la Emperatriz de los nipones
51   en las pagodas de la santa Kioto
52   o en la fiesta brillante de las flores!
53   ¡Jamás ante una imagen tan hermosa
54   quemaron los divinos sacerdotes
55   granos de incienso en el robusto lomo
56   de un elefante cincelado en bronce
57   por hábil escultor! ¡El Yoshivara
58   en su recinto no albergó una noche
59   belleza que pudiera disputarle

60 el lauro a tu belleza! ¡En los jarrones,
61 biombos, platos, estuches y abanicos
62 no trazaron los clásicos pintores
63 figura femenina que reuniera
64 tal número de hermosas perfecciones!

Envío

65 Viendo así retratada tu hermosura
66 mis males olvidé. Dulces acordes
67 quise arrancar del arpa de otros días
68 y, al no ver retornar mis ilusiones,
69 sintió mi corazón glacial tristeza
70 evocando el recuerdo de esa noche,
71 como debe sentirla el árbol seco
72 mirando que, al volver las estaciones,
73 no renacen jamás sobre sus ramas
74 los capullos fragantes de las flores
75 que le arrancó de entre sus verdes hojas
76 el soplo de otoñales aquilones.

NOSTALGIAS

I

1   Suspiro por las regiones
2   donde vuelan los alciones
3   sobre el mar,
4   y el soplo helado del viento
5   parece en su movimiento
6   sollozar;

7   donde la nieve que baja
8   del firmamento, amortaja
9   el verdor
10   de los campos olorosos
11   y de ríos caudalosos
12   el rumor;

13   donde ostenta siempre el cielo,
14   a través de aéreo velo,
15   color gris;
16   es más hermosa la luna
17   y cada estrella más que una
18   flor de lis.

II

19   Otras veces sólo ansío
20   bogar en firme navío

21   a existir
22   en algún país remoto,
23   sin pensar en el ignoto
24   porvenir.

25   Ver otro cielo, otro monte,
26   otra playa, otro horizonte,
27   otro mar,
28   otros pueblos, otras gentes
29   de maneras diferentes
30   de pensar.

31   ¡Ah! si yo un día pudiera
32   con qué júbilo partiera
33   para Argel,
34   donde tiene la hermosura
35   el color y la frescura
36   de un clavel.

37   Después fuera en caravana
38   por la llanura africana
39   bajo el sol
40   que, con sus vivos destellos,
41   pone un tinte a los camellos
42   tornasol.

43   Y cuando el día expirara
44   mi árabe tienda plantara
45   en mitad
46   de la llanura ardorosa
47   inundada de radiosa
48   claridad.

49   Cambiando de rumbo luego,
50   dejara el país del fuego
51   para ir
52   hasta el imperio florido
53   en que el opio da el olvido
54   del vivir.

55	Vegetara allí contento
56	de alto bambú corpulento
57	junto al pie,
58	o aspirando en rica estancia
59	la embriagadora fragancia
60	que da el té.
61	De la luna al claro brillo
62	iría al Río Amarillo
63	a esperar
64	la hora en que, el botón roto,
65	comienza la flor del loto
66	a brillar.
67	O mi vista deslumbrara
68	tanta maravilla rara
69	que el buril
70	de artista, ignorado y pobre,
71	graba en sándalo o en cobre
72	o en marfil.
73	Cuando tornara el hastío
74	en el espíritu mío
75	a reinar,
76	cruzando el inmenso piélago
77	fuera a taitiano archipiélago
78	a encallar.
79	A aquél en que vieja historia
80	asegura a mi memoria
81	que se ve
82	el lago en que un hada peina
83	los cabellos de la reina
84	Pomaré.
85	Así errabundo viviera
86	sintiendo toda quimera
87	rauda huir,
88	y hasta olvidando la hora

89 incierta y aterradora
90   de morir.

III

91   Mas no parto. Si partiera
92 al instante yo quisiera
93   regresar.
94 ¡Ay! ¿Cuándo querrá el destino
95 que yo pueda en mi camino
96   reposar?

LA REINA DE LA SOMBRA

A Rubén Darío

1   Tras el velo de gasa azulada
2 en que un astro de plata se abre
3 y con fúlgidos rayos alumbra
4 el camino del triste viandante,
5 en su hamaca de nubes se mece
6 una diosa de formas fugaces
7 que dirige a la tierra sombría
8 su mirada de brillos astrales.

9   Mientras tienden las frías tinieblas
10 pabellones de sombra en los valles,
11 en las torres de gríseos conventos
12 y en los viejos castillos feudales,
13 donde en nichos orlados de hiedra
14 anidaron fatídicas aves
15 que al sentir el horror de la sombra
16 abalánzanse ciegas al aire,
17 abandona la diosa serena
18 su palacio de níveos celajes
19 y sumerge sus miembros desnudos
20 en las ondas de plácidos mares.

21   De allí surge, a la luz de la luna,
22 en esquife de rojos corales,
23 velas negras y remos de oro,
24 sobre el agua de tonos de nácares,
25 donde riza su esquife ligero
26 blanca estela en la onda espumante.

27   Al tocar en la playa desierta
28   tal silencio en la sombra se esparce,
29   que ella busca, transida de miedo,
30   el rumor de las locas ciudades
31   en que espera su sacra visita
32   un cortejo de fieles amantes
33   cuyas almas dolientes conservan,
34   como lirios en túrbido estanque,
35   las quimeras de días mejores
36   entre llanto, entre hiel y entre sangre.

37   Aunque nunca brotó de sus labios
38   la armonía fugaz de la frase,
39   ni el perfume eternal de sus besos
40   aspiraron los labios mortales,
41   ni en su seno florece la vida,
42   ni ha estrechado en sus brazos a nadie,
43   con su sola presencia difunde
44   tanta dicha en sus tristes amantes
45   que parece abrigar la ternura
46   que concentra en sus ojos la madre
47   para el hijo infeliz que la llora
48   junto al negro ataúd en que yace.

49   Cuando llega, rodeada de brumas,
50   bajo un velo de nítido encaje
51   salpicado de frescas violetas,
52   ella ostenta en su dulce semblante
53   palideces heladas de luna,
54   en sus ojos, verdores de sauce,
55   y en sus manos un lirio oloroso
56   emperlado de gotas de sangre,
57   que satura el ambiente cercano
58   de celeste perfume enervante.

59   ¡Cómo al verla, reinando en la sombra,
60   donde sólo en vivir se complace,
61   se despierta en mi mente nublada

62	de los sueños el vívido enjambre!
63	¡Cómo agita mis nervios dormidos
64	disipando mis tedios mortales!
65	¡Cuántas cosas me dice en silencio!
66	¡Qué dulzura en mi ánimo esparce!
67	¡Cuántas penas del mundo me lleva!
68	¡Cuántas dichas del cielo me trae!
69	Esa diosa es mi musa adorada,
70	la que inspira mis cantos fugaces,
71	donde sangran mis viejas heridas
72	y sollozan mis nuevos pesares.
73	Ora muestre su rostro de virgen
74	o su torso de extraña bacante,
75	yo con ella, sereno y gozoso,
76	mientras venga en la sombra a mirarme
77	cruzaré los desiertos terrestres,
78	sin que nunca mi paso desmaye,
79	ya me lleve por senda de rosas,
80	ya me interne entre abrojos punzantes.

PAISAJE DE VERANO

1   Polvo y moscas. Atmósfera plomiza
2   donde retumba el tabletear del trueno
3   y, como cisnes entre inmundo cieno,
4   nubes blancas en cielo de ceniza.

5   El mar sus ondas glaucas paraliza
6   y el relámpago, encima de su seno,
7   del horizonte en el confín sereno
8   traza su rauda exhalación rojiza.

9   El árbol soñoliento cabecea,
10   honda calma se cierne largo instante,
11   hienden el aire rápidas gaviotas,

12   el rayo en el espacio centellea
13   y sobre el dorso de la tierra humeante
14   baja la lluvia en crepitantes gotas.

FLORES DE ETER

A la memoria de Luis II
de Baviera

1   Rey solitario como la aurora,
2   rey misterioso como la nieve,
3   ¿en qué mundo tu espíritu mora?
4   ¿Sobre qué cimas sus alas mueve?
5   ¿Vive con diosas en una estrella
6   como guerrero con sus cautivas,
7   o está en la tumba — blanca doncella
8   bajo coronas de siemprevivas? . . .

9   Aún eras niño, cuando sentías,
10 como legado de tus mayores,
11 esas tempranas melancolías
12 de los espíritus soñadores,
13 y huyendo lejos de los palacios
14 donde veías morir tu infancia,
15 te remontabas a los espacios
16 en que esparcíase la fragancia
17 de los ensueños que, hora tras hora,
18 minando fueron tu vida breve,
19 rey solitario como la aurora,
20 rey misterioso como la nieve.

21 Si así tu alma gozar quería
22 y a otras regiones arrebatarte,
23 un bajel tuvo: la Fantasía,
24 y un mar espléndido: el mar del Arte.
25 ¡Cómo veías sobre sus ondas

26   temblar las luces de nuevos astros
27   que te guiaban a las Golcondas
28   donde no hallabas del hombre rastros;
29   y allí sintiendo raros deleites
30   tu alma encontraba deliquios santos,
31   como en los tintes de los afeites
32   las cortesanas frescos encantos!
33   Por eso mi alma la tuya adora
34   y recordándola se conmueve,
35   rey solitario como la aurora,
36   rey misterioso como la nieve.

37   Colas abiertas de pavos reales,
38   róseos flamencos en la arboleda,
39   fríos crepúsculos matinales,
40   áureos dragones en roja seda,
41   verdes luciérnagas en las lilas,
42   plumas de cisnes alabastrinos,
43   sonidos vagos de las esquilas,
44   sobre hombros blancos encajes finos,
45   vapor de lago dormido en calma,
46   mirtos fragantes, nupciales tules,
47   nada más bello fue que tu alma
48   hecha de vagas nieblas azules
49   y que a la mía sólo enamora
50   de las del siglo décimo nueve,
51   rey solitario como la aurora,
52   rey misterioso como la nieve.

53   Aunque sentiste sobre tu cuna
54   caer los dones de la existencia,
55   tú no gozaste de dicha alguna
56   más que en los brazos de la Demencia.
57   Halo llevabas de poesía
58   y más que el brillo de tu corona
59   a los extraños les atraía
60   lo misterioso de tu persona
61   que apasionaba nobles mancebos,

62   porque ostentabas en formas bellas
63   la gallardía de los efebos
64   con el recato de las doncellas.

65   Tedio profundo de la existencia,
66   sed de lo extraño que nos tortura,
67   de viejas razas mortal herencia,
68   de realidades afrenta impura,
69   visión sangrienta de la neurosis,
70   delicuescencia de las pasiones,
71   entre fulgores de apoteosis
72   tu alma llevaron a otras regiones
73   donde gloriosa ciérnese ahora
74   y eterna dicha sobre ella llueve,
75   rey solitario como la aurora,
76   rey misterioso como la nieve.

MI ENSUEÑO

1   Cuando la ardiente luz de la mañana
2   tiñó de rojo el nebuloso cielo,
3   quiso una alondra detener el vuelo
4   de mi alcoba sombría en la ventana.

5   Pero hallando cerrada la persiana
6   fracasó en el cristal su ardiente anhelo
7   y, herida por el golpe, cayó al suelo
8   adiós diciendo a su quimera vana.

9   Así mi ensueño, pájaro canoro
10   de níveas plumas y rosado pico,
11   al querer en el mundo hallar cabida

12   encontró de lo real los muros de oro
13   y deshecho, cual frágil abanico,
14   cayó entre el fango inmundo de la vida.

CANCION

Para la niña Aurelia
Aróstegui y Mendoza

1   Angelicales son tus hechizos
2   y te presentan ya los humanos
3   nimbo de oro para tus rizos,
4   lirios de nieve para tus manos.

5   Sin que conserves impuras huellas
6   cruzas del mundo por los breñales,
7   como los discos de las estrellas
8   de la tiniebla por los cendales.

9   Cuando se posa tu pie ligero
10   y te sonríes breves instantes,
11   tu boca imita rojo joyero
12   donde se irisan perlas brillantes.

13   Y si te duermes sobre la cuna
14   finge tu cuerpo, tras la cortina,
15   una estatuita color de luna
16   entre los pliegues de la neblina.

17   Angelicales son tus hechizos
18   y te presentan ya los humanos
19   nimbo de oro para tus rizos,
20   lirios de nieve para tus manos.

AL CARBON

1   Bajo las ramas de copudo roble
2   y entre las ondas de negruzca charca,
3   blanco nenúfar, como débil barca,
4   se balancea sobre el tallo doble.

5   Cerca del bosque, en actitud inmoble,
6   viejo león, cual vencedor monarca,
7   a los dominios que su vista abarca
8   dirige ufano la mirada noble.

9   Cae la lluvia. En la arenisca ruta
10   abre su boca sepulcral caverna
11   cuya sombra abrillanta la llovizna,

12   y una leona, con la piel hirsuta,
13   en su recinto lóbrego se interna
14   mordisqueando de yerba húmeda brizna.

EN UN ALBUM

1   ¿Qué es un álbum? Un cofre de alabastro
2   donde arroja el talento del artista
3   un recuerdo brillante como un astro,
4   una perla, un rubí o una amatista.

5   Pueda el que mi amistad aquí te arroja,
6   si deja en tu memoria alguna huella,
7   conservar la pureza de esta hoja
8   y el fulgor misterioso de una estrella.

CANAS

1   ¡Oh canas de los viejos ermitaños
2   que, cual nieve de cumbres desoladas,
3   no las vieron brotar ojos extraños,
4   ni alisaron jamás manos amadas,
5   oh canas de los viejos ermitaños!

6   ¡Oh canas de los viejos soñadores
7   caminando en tropel hacia el olvido
8   bajo el áspero fardo de dolores
9   que habéis de la existencia recibido,
10   oh canas de los viejos soñadores!

11   ¡Oh canas de los viejos criminales
12   que en medio de las lóbregas prisiones
13   blanquearon vuestros cráneos infernales,
14   al morir vuestras dulces ilusiones,
15   oh canas de los viejos criminales!

16   ¡Oh canas de las viejas pecadoras
17   a las que arroja el mundo sus reproches,
18   que tuvisteis la luz de las auroras
19   o la sombra azulada de las noches,
20   oh canas de las viejas pecadoras!

21   Emblema sois del sufrimiento humano
22   y brillando del joven en la frente
23   o en las hondas arrugas del anciano,

24   mi alma os venera, porque eternamente
25   emblema sois del sufrimiento humano.

MEDALLON

Alicia Sierra y Peñarredonda

1   Cual bruma de oro alrededor de un astro,
2   en torno de su rostro de alabastro
3   flota en dorados rizos el cabello,
4   bajando luego hasta besar su falda
5   por la curva graciosa de su espalda,
6   por el jaspe rosado de su cuello.

7   Ya la envuelva nevada muselina,
8   ya la seda espejeante de la China,
9   ciñen sus brazos regios brazaletes,
10   y en su redondo seno de escultura,
11   como en jarrón de pálida blancura,
12   agonizan fragantes ramilletes.

13   Ya el vals la mezca en círculos de fuego,
14   ya alce en el templo fervoroso ruego,
15   presenta al mundo, lánguida y morosa,
16   en su rostro de antiguo camafeo,
17   con la nostalgia amarga del deseo
18   la tristeza infinita de una diosa.

19   Como las claras gotas de rocío
20   de fresca anémona en el cáliz frío
21   chispean al crepúsculo dorado,
22   del gas a los destellos deslumbrantes
23   irísanse purísimos diamantes
24   de su oído en el lóbulo rosado.

25   Verdes, como las ondas, son sus ojos,
26   como ardientes rubís sus labios, rojos,
27   finas, como caléndulas, sus manos,
28   y, sumergida en dulce somnolencia,
29   ostenta la opalina trasparencia
30   de los frágiles vasos venecianos.

HORRIDUM SOMNIUM

Al Sr. D. Raimundo Cabrera

1   ¡Cuántas noches de insomnio pasadas
2   en la fría blancura del lecho,
3   ya abrevado de angustia infinita,
4   ya sumido en amargos recuerdos,
5   perturbando la lóbrega calma
6   difundida en mi espíritu enfermo,
7   como errantes luciérnagas verdes
8   del jardín en los lirios abiertos,
9   ha venido a posarse en mi alma
10   áureo enjambre de sacros ensueños!

11   Cual penetran los rayos de luna,
12   por la escala sonora del viento,
13   en el hosco negror del sepulcro
14   donde yace amarillo esqueleto,
15   tal desciende la dicha celeste,
16   en las alas de fúlgidos sueños,
17   hasta el fondo glacial de mi alma,
18   cripta negra en que duerme el deseo.

19   Así he visto llegar a mis ojos
20   en la fría tiniebla entreabiertos,
21   desde lóbregos mares de sombras
22   alumbrados por rojos destellos,
23   a las castas bellezas marmóreas
24   que, ceñidos de joyas los cuerpos
25   y una flor elevada en las manos,

26   colorea entre eriales roqueños
27   el divino Moreau; a las frías
28   hermosuras de estériles senos
29   que, cual *flores del mal*, han caído
30   de la vida al obscuro sendero;
31   a Anactoria, la amada doliente,
32   emperlados de sangre los pechos
33   y encendidos los ojos diabólicos
34   por la fiebre de extraños deseos;
35   a María, la virgen hebrea,
36   con sus tocas brillantes de duelo
37   y su manto de estrellas de oro
38   centelleando en sus largos cabellos;
39   a la mística Eloa, cruzadas
40   ambas manos encima del pecho
41   y tornados los húmedos ojos
42   hacia el cálido horror del Infierno;
43   y a Eleonora, la pálida novia,
44   que, ahuyentando la sombra del cuervo,
45   cicatriza mis rojas heridas
46   con el frío mortal de sus besos.

47   Mas un día —¡oh Rembrandt! no ha trazado
48   tu pincel otro cuadro más negro—
49   agrupados en ronda dantesca
50   de la fiebre los rojos espectros,
51   al rumor de canciones malditas
52   arrojaron mi lánguido cuerpo
53   en el fondo de fétido foso
54   donde airados croajaban los cuervos.

55   Como eleva la púdica virgen,
56   al dejar los umbrales del templo,
57   la mantilla de negros encajes
58   que cubría su rostro risueño,
59   así entonces el astro nocturno,
60   los celajes opacos rompiendo,
61   ostentaba su disco de plata
62   en el negro azulado del cielo.

63   Y, al fulgor que esparcía en el aire,
64   yo sentí deshacerse mis miembros,
65   entre chorros de sangre violácea,
66   sobre capas humeantes de cieno,
67   en viscoso licor amarillo
68   que goteaban mis lívidos huesos.

69   Alredor de mis fríos despojos,
70   en el aire, zumbaban insectos
71   que, ensanchados los húmedos vientres
72   por la sangre absorbida en mi cuerpo,
73   ya ascendían en rápido impulso,
74   ya embriagados caían al suelo.

75   De mi cráneo, que un globo formaba
76   erizado de rojos cabellos,
77   descendían al rostro deforme
78   saboreando el licor purulento,
79   largas sierpes de piel solferina
80   que llegaban al borde del pecho
81   donde un cuervo de pico acerado
82   implacable roíame el sexo.

83   Junto al foso, espectrales mendigos
84   sumergidos los pies en el cieno
85   y rasgadas las ropas mugrientas,
86   contemplaban el largo tormento,
87   mientras grupos de impuras mujeres,
88   en unión de aterrados mancebos,
89   retorcían los cuerpos lascivos
90   exhalando alaridos siniestros.

* * *

91   Muchos días, llenando mi alma
92   de pavor y de frío y de miedo,
93   he mirado este fúnebre cuadro
94   resurgir a mis ojos abiertos,
95   y al pensar que no pude en la vida

96	realizar mis felices anhelos,
97	con los ojos preñados de lágrimas
98	y el horror de la muerte en el pecho,
99	ante el Dios de mi infancia pregunto:
100	—Del enjambre incesante de ensueños
101	que persiguen mi alma sombría
102	de la noche en el frío silencio,
103	¿será sólo el ensueño pasado
104	el que logre palpar mi deseo
105	en la triste jornada terrestre?
106	¿Será el único ¡oh Dios! verdadero?

RIMAS

Al Sr. D. Domingo Malpica Labarca,
en testimonio de afecto, de gratitud y de
consideración, dedica estas páginas

J. del C.

Soyez béni, mon Dieu, qui donnez la souffrance
Comme un divin remède à nos impuretés
Et comme la meilleure et la plus pure essence
Qui prépare les forts aux saintes voluptés!

Ch. Baudelaire.

A LA BELLEZA

1   ¡Oh divina Belleza! Visión casta
2   de incógnito santuario,
3   yo muero de buscarte por el mundo
4   sin haberte encontrado.

5   Nunca te han visto mis inquietos ojos,
6   pero en el alma guardo
7   intuición poderosa de la esencia
8   que anima tus encantos.

9   Ignoro en qué lenguaje tú me hablas
10   pero, en idioma vago,
11   percibo tus palabras misteriosas
12   y te envío mis cantos.

13   Tal vez sobre la tierra no te encuentre
14   pero febril te aguardo,
15   como el enfermo, en la nocturna sombra,
16   del sol el primer rayo.

17   Yo sé que eres más blanca que los cisnes,
18   más pura que los astros,
19   fría como las vírgenes y amarga
20   cual corrosivos ácidos.

21   Ven a calmar las ansias infinitas
22   que, como mar airado,

23   impulsan el esquife de mi alma
24   hacia país extraño.

25   Yo sólo ansío, al pie de tus altares,
26   brindarte en holocausto
27   la sangre que circula por mis venas
28   y mis ensueños castos.

29   En las horas dolientes de la vida
30   tu protección demando,
31   como el niño que marcha entre zarzales
32   tiende al viento los brazos.

33   Quizás como te sueña mi deseo
34   estés en mí reinando,
35   mientras voy persiguiendo por el mundo
36   las huellas de tu paso.

37   Yo te busqué en el fondo de las almas
38   que el mal no ha mancillado
39   y surgen del estiércol de la vida
40   cual lirios de un pantano.

41   En el seno tranquilo de la ciencia
42   que, cual tumba de mármol,
43   guarda tras la bruñida superficie
44   podredumbre y gusanos.

45   En brazos de la gran Naturaleza
46   de los que hui temblando
47   cual del regazo de la madre infame
48   huye el hijo azorado.

49   En la infinita calma que se aspira
50   en los templos cristianos
51   como el aroma sacro del incienso
52   en ardiente incensario.

53 En las ruinas humeantes de los siglos,
54   del dolor en los antros
55 y en el fulgor que irradian las proezas
56   del heroísmo humano.

57 Ascendiendo del Arte a las regiones
58   sólo encontré tus rasgos
59 de un pintor en los lienzos inmortales
60   y en las rimas de un bardo.

61 Mas como nunca en mi áspero sendero
62   cual te soñé te hallo,
63 moriré de buscarte por el mundo
64   sin haberte encontrado.

CREPUSCULAR

1   Como vientre rajado sangra el ocaso,
2   manchando con sus chorros de sangre humeante
3   de la celeste bóveda el azul raso,
4   de la mar estañada la onda espejeante.

5   Alzan sus moles húmedas los arrecifes
6   donde el chirrido agudo de las gaviotas,
7   mezclado a los crujidos de los esquifes,
8   agujerea el aire de extrañas notas.

9   Va la sombra extendiendo sus pabellones,
10   rodea el horizonte cinta de plata,
11   y, dejando las brumas hechas jirones,
12   parece cada faro flor escarlata.

13   Como ramos que ornaron senos de ondinas
14   y que surgen nadando de infecto lodo,
15   vagan sobre las ondas algas marinas
16   impregnadas de espumas, salitre y yodo.

17   Abrense las estrellas como pupilas,
18   imitan los celajes negruzcas focas
19   y, extinguiendo las voces de las esquilas,
20   pasa el viento ladrando sobre las rocas.

NIHILISMO

1   Voz inefable que a mi estancia llega
2   en medio de las sombras de la noche,
3   por arrastrarme hacia la vida brega
4   con las dulces cadencias del reproche.

5   Yo la escucho vibrar en mis oídos,
6   como al pie de olorosa enredadera
7   los gorjeos que salen de los nidos
8   indiferente escucha herida fiera.

9   ¿A qué llamarme al campo del combate
10   con la promesa de terrenos bienes,
11   si ya mi corazón por nada late
12   ni oigo la idea martillar mis sienes?

13   Reservad los laureles de la fama
14   para aquéllos que fueron mis hermanos;
15   yo, cual fruto caído de la rama,
16   aguardo los famélicos gusanos.

17   Nadie extrañe mis ásperas querellas:
18   mi vida, atormentada de rigores,
19   es un cielo que nunca tuvo estrellas,
20   es un árbol que nunca tuvo flores.

21   De todo lo que he amado en este mundo
22   guardo, como perenne recompensa,

23   dentro del corazón, tedio profundo,
24   dentro del pensamiento, sombra densa.

25   Amor, patria, familia, gloria, rango,
26   sueños de calurosa fantasía,
27   cual nelumbios abiertos entre el fango
28   sólo vivisteis en mi alma un día.

29   Hacia país desconocido abordo
30   por el embozo del desdén cubierto:
31   para todo gemido estoy ya sordo,
32   para toda sonrisa estoy ya muerto.

33   Siempre el destino mi labor humilla
34   o en males deja mi ambición trocada:
35   donde arroja mi mano una semilla
36   brota luego una flor emponzoñada.

37   Ni en retornar la vista hacia el pasado
38   goce encuentra mi espíritu abatido:
39   yo no quiero gozar como he gozado,
40   yo no quiero sufrir como he sufrido.

41   Nada del porvenir a mi alma asombra
42   y nada del presente juzgo bueno;
43   si miro al horizonte, todo es sombra,
44   si me inclino a la tierra, todo es cieno.

45   Y nunca alcanzaré en mi desventura
46   lo que un día mi alma ansiosa quiso:
47   después de atravesar la selva obscura
48   Beatriz no ha de mostrarme el Paraíso.

49   Ansias de aniquilarme sólo siento
50   o de vivir en mi eternal pobreza
51   con mi fiel compañero, el descontento,
52   y mi pálida novia, la tristeza.

MARINA

1   Náufrago bergantín de quilla rota,
2   mástil crujiente y velas desgarradas,
3   írguese entre las olas encrespadas
4   o se sumerge en su extensión ignota.

5   Desnudo cuerpo de mujer, que azota
6   el viento con sus ráfagas heladas,
7   en sudario de espumas argentadas
8   sobre las aguas verdinegras flota.

9   Cuervo marino de azuladas plumas
10   olfatea el cadáver nacarado
11   y, revolando en caprichosos giros,

12   alza su pico entre las frías brumas
13   un brazalete de oro, constelado
14   de diamantes, rubíes y zafiros.

OBSTINACION

1   Pisotear el laurel que se fecunda
2   con las gotas de sangre de tus venas;
3   deshojar, como ramo de azucenas,
4   tus sueños de oro entre la plebe inmunda;

5   doblar el cuello a la servil coyunda
6   y, encorvado por ásperas cadenas,
7   dejar que en el abismo de tus penas
8   el sol de tu ambición sus rayos hunda;

9   tal es ¡oh soñador! la ley tirana
10   que te impone la vida en su carrera;
11   pero, sordo a esa ley que tu alma asombra,

12   pasas altivo entre la turba humana,
13   mostrando inmaculada tu quimera,
14   como pasa una estrella por la sombra.

BOHEMIOS

1   Sombríos, encrespados los cabellos,
2 tostada la color, la barba hirsuta,
3 empolvados los pies, rojos los cuellos,
4 mordiendo la corteza de agria fruta,

5   sin que el temor en vuestras almas quepa,
6 ni os señale el capricho rumbo cierto,
7 os perdéis en las nieves de la estepa
8 o en las rojas arenas del desierto.

9   Mujeres de mirada abrasadora
10 siguen por los caminos vuestras huellas,
11 ya al fulgor sonrosado de la aurora,
12 ya a la argentada luz de las estrellas.

13   Una muestra en los brazos su chiquillo
14 como la palma en su ramaje el fruto:
15 otra acaricia el pomo de un cuchillo;
16 viste aquélla de rojo, ésta de luto.

17   Prende la rubia flores en sus rizos,
18 la morena un collar en su garganta,
19 y la más bella, ajando sus hechizos,
20 joven oso a sus pechos amamanta.

21   Pero nunca las rinde la fatiga
22 ni os demandan segura recompensa,

23   porque abrasante fiebre las hostiga
24   del mundo a recorrer la ruta inmensa.

25   Execrando los dones del trabajo
26   lleváis de una comarca a otra comarca,
27   lo mismo del mendigo el roto andrajo
28   que la púrpura ardiente del monarca.

29   Ningún sitio el espíritu os recrea
30   y si en uno posáis la móvil planta,
31   el deseo febril os espolea
32   de ver el que más lejos se levanta.

33   Ya os hielen las escarchas del invierno,
34   ya os abrasen los rayos del estío,
35   girando vais en movimiento eterno
36   para sólo segar flores de hastío.

37   Yo os amo porque os lleva el devaneo
38   donde el peligro vuestra vida afronte,
39   y en vuestros ojos soñadores leo
40   ansias de traspasar el horizonte;

41   porque no soportáis extraño yugo
42   y llenos de salvaje independencia
43   no la trocáis jamás por un mendrugo
44   en los días crueles de indigencia;

45   porque todo en el mundo halláis pequeño
46   y tan sólo seguís el ígneo rastro
47   que os traza en lo infinito vuestro ensueño,
48   como se sigue por el cielo un astro;

49   porque el soplo glacial del desengaño
50   no extingue vuestras locas ilusiones,
51   ni la sed insaciable de lo extraño
52   que abrasa vuestros secos corazones.

SOURIMONO

1   Como rosadas flechas de aljabas de oro
2   vuelan de los bambúes finos flamencos,
3   poblando de graznidos el bosque mudo,
4   rompiendo de la atmósfera los níveos velos.

5   El disco anaranjado del sol poniente
6   que sube tras la copa de arbusto seco,
7   finge un nimbo de oro que se desprende
8   del cráneo amarfilado de un bonzo yerto.

9   Y las ramas erguidas de los juncales
10   cabecean al borde de los riachuelos,
11   como al soplo del aura sobre la playa
12   los mástiles sin velas de esquifes viejos.

COQUETERIA

1   En el verde jardín del monasterio,
2   donde los nardos crecen con las lilas,
3   pasea la novicia sus pupilas
4   como princesa por su vasto imperio.

5   Deleitan su sagrado cautiverio
6   los chorros de agua en las marmóreas pilas,
7   el lejano vibrar de las esquilas
8   y las místicas notas del salterio.

9   Sus rizos peina el aura del verano,
10   mas la doncella al contemplarlos llora
11   e, internada en el bosque de cipreses,

12   piensa que ha de troncharlos firme mano
13   como la hoz de ruda segadora
14   las espigas doradas de las mieses.

RONDELES

I

1   De mi vida misteriosa,
2   tétrica y desencantada,
3   oirás contar una cosa
4   que te deje el alma helada.

5   Tu faz de color de rosa
6   se quedará demacrada,
7   al oír la extraña cosa
8   que te deje el alma helada.

9   Mas sé para mí piadosa,
10   si de mi vida ignorada,
11   cuando yo duerma en la fosa,
12   oyes contar una cosa
13   que te deje el alma helada.

II

14   Quizás sepas algún día
15   el secreto de mis males,
16   de mi honda melancolía
17   y de mis tedios mortales.

18   Las lágrimas a raudales
19   marchitarán tu alegría,

20 si a saber llegas un día
21 el secreto de mis males.

III

22 Quisiera de mí alejarte,
23 porque me causa la muerte
24 con la tristeza de amarte
25 el dolor de comprenderte.

26 Mientras pueda contemplarte
27 me ha de deparar la suerte,
28 con la tristeza de amarte
29 el dolor de comprenderte.

30 Y sólo ansío olvidarte,
31 nunca oírte y nunca verte,
32 porque me causa la muerte
33 con la tristeza de amarte
34 el dolor de comprenderte.

LA SOTANA

1   Niño, la sombra de la sotana,
2   como si fuese vago remedo
3   del mal que asedia la vida humana,
4   temblar me hacía de horrible miedo.

5   Joven, sin manchas en la conciencia,
6   mas presa siempre del desvarío,
7   o producíame indiferencia
8   o me llenaba de amargo hastío.

9   Hoy que es la dicha para mí vana
10   y que del mundo sé la perfidia,
11   si hallo la sombra de la sotana
12   siente mi alma profunda envidia.

NOCTURNO

1   El mar, como la luna de un espejo,
2   que, de amarilla lámpara al reflejo,
3   retratase nevadas mariposas,
4   de la noche a las luces misteriosas,
5   copia el disco de pálidos luceros
6   que tachonan del éter los senderos.

7   Tras sí dejando nacarada estela,
8   airosa barca de latina vela
9   surca gallarda el ámbito marino,
10   empañándole el dorso cristalino,
11   pero, al tocar en la risueña orilla,
12   más luminoso el mar de nuevo brilla.

13   ¡Oh mi triste adorada! Fue mi alma
14   mar apacible que, en augusta calma,
15   retrataba en sus límpidas corrientes
16   de astros puros los discos refulgentes,
17   mas, al cruzar de tu pasión la nave,
18   perdida vio la transparencia suave,
19   y en el cristal, que guarda impuras huellas,
20   no han vuelto a reflejarse las estrellas.

RECUERDO DE LA INFANCIA

1 Una noche mi padre, siendo yo niño,
2 mirando que la pena me consumía,
3 con las frases que dicta sólo el cariño,
4 lanzó de mi destino la profecía,
5 una noche mi padre, siendo yo niño.

6 Lo que tomé yo entonces por un reproche
7 y, extendiendo mi cuello sobre mi hombro,
8 me hizo pasar llorando toda la noche,
9 hoy inspira a mi alma terror y asombro
10 lo que tomé yo entonces por un reproche.

11 —Sumergida en profunda melancolía
12 como estrella en las brumas de la alborada,
13 gemirá para siempre —su voz decía—
14 por todos los senderos tu alma cansada,
15 sumergida en profunda melancolía.

16 Persiguiendo en la sombra vana quimera
17 que tan sólo tu mente de encantos viste,
18 te encontrará cada año la primavera
19 enfermo y solitario, doliente y triste,
20 persiguiendo en la sombra vana quimera.

21 Para ti la existencia no tendrá un goce
22 ni habrá para tus penas ningún remedio,
23 y, unas veces sintiendo del mal el roce,

24 otras veces henchido de amargo tedio,
25 para ti la existencia no tendrá un goce.

26 Como una planta llena de estéril jugo
27 que ahoga de sus ramas la florescencia,
28 de tu propia alegría serás verdugo
29 y morirás ahogado por la impotencia
30 como una planta llena de estéril jugo. —

31 Como pájaros negros por azul lago,
32 nublaron sus pupilas mil pensamientos,
33 y, al morir en la sombra su acento vago,
34 vi pasar por su mente remordimientos
35 como pájaros negros por azul lago.

O ALTITUDO!

1   Joven, desde el azul de tu idealismo,
2   viste al cieno bajar tus ilusiones,
3   como se ve en bandada a los alciones
4   caer ensangrentados al abismo.

5   Nadie sabe tu mal; porque tú mismo
6   ahogando en flor mortales sensaciones,
7   vivir en la tiniebla te propones
8   como un dios condenado al ostracismo.

9   Mas yo veo que, aislado en tu grandeza,
10 cual sol poniente en sus vapores rojos,
11 huyes de los que el mundo juzga sabios,

12 y llevas una sombra de tristeza
13 que, humedeciendo el brillo de tus ojos,
14 destierra la sonrisa de tus labios.

VIEJA HISTORIA

1   El pálido soñador
2   de la rubia cabellera,
3   mendigaba por doquiera
4   una limosna de amor.

5   ¡Con qué doloroso ardor
6   perseguía esa quimera
7   el pálido soñador
8   de la rubia cabellera!

9   Mas no hallando en su carrera
10   quien a su voz respondiera,
11   desfalleció de dolor
12   el pálido soñador
13   de la rubia cabellera.

* * *

14   Tenía ya el corazón
15   minado por el pesar,
16   como el fruto que un gorrión
17   se cansó de picotear.

18   Nadie supo su aflicción,
19   ni se pudo adivinar
20   que tenía el corazón
21   minado por el pesar.

22   Humana consolación
23   que fue en su seno a anidar
24   no pudo en él penetrar . . .
25   tenía ya el corazón
26   minado por el pesar.

27   Con el terror en los ojos
28   y en la mente la locura,
29   contempló de su ventura
30   los miserables despojos.

31   Siempre guardó el alma pura
32   libre de bajos enojos,
33   con el terror en los ojos
34   y en la mente la locura.

35   Abrevado de amargura
36   y hollando rudos abrojos,
37   siguió, por su senda obscura,
38   con el terror en los ojos
39   y en la mente la locura.

* * *

40   Desde el día que a un convento
41   fue a llorar su corazón,
42   rendíalo el sufrimiento
43   como al reo en la prisión.

44   Tornáronle macilento
45   el ayuno y la oración,
46   desde el día que a un convento
47   fue a llorar su corazón.

48   Y cual luz de un torreón
49   apagada por el viento,
50   extinguióse su razón
51   desde el día que a un convento
52   fue a llorar su corazón.

A UN HEROE

1   Como galeón de izadas banderolas
2   que arrastra de la mar por los eriales
3   su vientre hinchado de oro y de corales,
4   con rumbo hacia las playas españolas,

5   y, al arrojar el áncora en las olas
6   del puerto ansiado, ve plagas mortales
7   despoblar los vetustos arrabales,
8   vacío el muelle y las orillas solas;

9   así al tornar de costas extranjeras,
10   cargado de magnánimas quimeras,
11   a enardecer tus compañeros bravos,

12   hallas sólo que luchan sin decoro
13   espíritus famélicos de oro
14   imperando entre míseros esclavos.

LA COLERA DEL INFANTE

1   Frente al balcón de la vidriera roja
2   que incendia el sol de vivos resplandores,
3   mientras la brisa de la tarde arroja
4   sobre el tapiz de pálidos colores,
5   pistilos de clemátides fragantes
6   que agonizan en copas opalinas
7   y esparcen sus aromas enervantes
8   de la regia mansión en las cortinas,
9   está el Infante en su sitial de seda,
10   con veste azul, flordelisada de oro,
11   mirando divagar por la alameda
12   niños que juegan en alegre coro.

13   Como un reflejo por obscura brasa
14   que se extingue en dorado pebetero,
15   por sus pupilas nebulosas pasa
16   la sombra de un capricho pasajero
17   que, encendiendo de sangre sus mejillas
18   más pálidas que pétalos de lirios,
19   hace que sus nerviosas manecillas
20   muevan los dedos, largos como cirios,
21   encima de sus débiles rodillas.

22   —¡Ah! quién pudiera, en su interior exclama,
23   abandonar los muros del castillo,
24   correr del campo entre la verde grama
25   como corre ligero cervatillo,

26 sumergirse en la fresca catarata
27 que baja del palacio a los jardines,
28 cual alfombra lumínica de plata
29 salpicada de nítidos jazmines,
30 perseguir con los ágiles lebreles
31 del jabalí las fugitivas huellas
32 por los bosques frondosos de laureles,
33 trovas de amor cantar a las doncellas,
34 mezclarse a la algazara de los rubios
35 niños que, del poniente a los reflejos,
36 aspirando del campo los efluvios,
37 veo siempre jugar, allá a lo lejos,
38 y a cambio del collar de pedrería
39 que ciñe a mi garganta sus cadenas,
40 sentir dentro del alma la alegría
41 y ondas de sangre en las azules venas. —

42 Habla, y en el asiento se incorpora,
43 como se alza un botón sobre su tallo,
44 mas, rendido de fiebre abrasadora,
45 cae implorando auxilio de un vasallo,
46 y para disipar los pensamientos
47 que, como enjambre súbito de avispas
48 ensombrecen sus lánguidos momentos,
49 con sus huesosos dedos macilentos
50 las perlas del collar deshace en chispas.

PROFANACION

1   En tenebrosa cripta, donde solloza el viento
2   como león herido en selvas africanas,
3   rodeado por los cuerpos de hermosas cortesanas
4   que sangran en las losas del frío pavimento,

5   vese un monarca anciano de paso tremulento
6   luchar porque revivan sus vírgenes livianas,
7   mas, al sentir que mueren sus ilusiones vanas,
8   demanda a los cadáveres el goce de un momento;

9   tal como el alma mía que, si en nefasta hora
10   siente de humana dicha la sed abrasadora,
11   tiene de lo pasado que trasponer las puertas,

12   alzar de sus ensueños el mármol funerario
13   y, en medio de las sombras que pueblan el osario,
14   asirse a los despojos de sus venturas muertas.

MEDIOEVAL

1   Monstruo de piedra, elévase el castillo
2   rodeado de coposos limoneros,
3   que sombrean los húmedos senderos,
4   donde crece aromático el tomillo.

5   Alzadas las cadenas del rastrillo
6   y enarbolando fúlgidos aceros,
7   seguido de sus bravos halconeros
8   va de caza el señor de horca y cuchillo.

9   Al oír el clamor de las bocinas
10   bandadas de palomas campesinas
11   surgen volando de las verdes frondas;

12   y de los ríos al hendir las brumas
13   dibujan con la sombra de sus plumas
14   cruces de nieve en las azules ondas.

LAS ALAMEDAS

1   Adoro las sombrías alamedas
2   donde el viento al silbar entre las hojas
3   obscuras de las verdes arboledas,
4   imita de un anciano las congojas;

5   donde todo reviste vago aspecto
6   y siente el alma que el silencio encanta,
7   más suave el canto del nocturno insecto,
8   más leve el ruido de la humana planta;

9   donde al caer de erguidos surtidores
10   las sierpes de agua en las marmóreas tazas,
11   ahogan con su canto los rumores
12   que aspira el viento en las ruidosas plazas;

13   donde todo se encuentra adolorido
14   o halla la savia de la vida acerba,
15   desde el gorrión que pía entre su nido
16   hasta la brizna lánguida de yerba;

17   donde, al fulgor de pálidos luceros,
18   la sombra transparente del follaje
19   parece dibujar en los senderos
20   negras mantillas de sedoso encaje;

21   donde cuelgan las lluvias estivales
22   de curva rama diamantino arco,

23 teje la luz deslumbradores chales
24 y fulgura una estrella en cada charco.

25 Van allí, con sus tristes corazones,
26 pálidos seres de sonrisa mustia,
27 huérfanos para siempre de ilusiones
28 y desposados con la eterna angustia.

29 Allí, bajo la luz de las estrellas,
30 errar se mira al soñador sombrío
31 que en su faz lleva las candentes huellas
32 de la fiebre, el insomnio y el hastío.

33 Allí en un banco, humilde sacerdote
34 devora sus pesares solitarios,
35 como el marino que en desierto islote
36 echaron de la mar vientos contrarios.

37 Allí el mendigo, con la alforja al hombro,
38 doblado el cuello y las miradas bajas,
39 retratado en sus ojos el asombro,
40 rumia de los festines las migajas.

41 Allí una hermosa, con cendal de luto,
42 aprisionado por brillante joya,
43 de amor aguarda el férvido tributo
44 como una dama típica de Goya.

45 Allí del gas a las cobrizas llamas
46 no se descubren del placer los rastros
47 y a través del calado de las ramas
48 más dulce es la mirada de los astros.

DIA DE FIESTA

1   Un cielo gris. Morados estandartes
2   con escudos de oro; vibraciones
3   de altas campanas; báquicas canciones;
4   palmas verdes ondeando en todas partes;

5   banderas tremolando en los baluartes;
6   figuras femeninas en balcones;
7   estampido cercano de cañones;
8   gentes que lucran por diversas artes.

9   Mas ¡ay! mientras la turba se divierte
10   y se agita en ruidoso movimiento
11   como una mar de embravecidas olas,

12   circula por mi ser frío de muerte
13   y en lo interior del alma sólo siento
14   ansia infinita de llorar a solas.

PAGINAS DE VIDA

1   En la popa desierta del viejo barco
2   cubierto por un toldo de frías brumas,
3   mirando cada mástil doblarse en arco,
4   oyendo los fragores de las espumas;

5   mientras daba la nave tumbo tras tumbo
6   encima de las ondas alborotadas,
7   cual si ansiosa estuviera de emprender rumbo
8   hacia remotas aguas nunca surcadas;

9   sintiendo ya el delirio de los alcohólicos
10   en que ahogaba su llanto de despedida,
11   narrábame, en los tonos más melancólicos,
12   las páginas secretas de nuestra vida.

* * *

13   —Yo soy como esas plantas que ignota mano
14   siembra un día en el surco por donde marcha,
15   ya para que la anime luz de verano,
16   ya para que la hiele frío de escarcha.

17   Llevado por el soplo del torbellino
18   que cada día a extraño suelo me arroja,
19   entre las rudas zarzas de mi camino
20   si no dejo un capullo, dejo una hoja.

21   Mas como nada espero lograr del hombre,

22   y en la bondad divina mi ser confía,
23   aunque llevo en el alma penas sin nombre
24   no siento la nostalgia de la alegría.

25   ¡Ignea columna sigue mi paso cierto!
26   ¡Salvadora creencia mi ánimo salva!
27   Yo sé que tras las olas me aguarda el puerto.
28   Yo sé que tras la noche surgirá el alba.

29   Tú, en cambio, que doliente mi voz escuchas,
30   sólo el hastío llevas dentro del alma:
31   juzgándote vencido por nada luchas
32   y de ti se desprende siniestra calma.

33   Tienes en tu conciencia sinuosidades
34   donde se extraviaría mi pensamiento,
35   como al surcar del éter las soledades
36   el águila en las nubes del firmamento.

37   Sé que ves en el mundo cosas pequeñas
38   y que por algo grande siempre suspiras,
39   mas no hay nada tan bello como lo sueñas,
40   ni es la vida tan triste como la miras.

41   Si hubiéramos más tiempo juntos vivido
42   no nos fuera la ausencia tan dolorosa.
43   ¡Tú cultivas tus males, yo el mío olvido!
44   ¡Tú lo ves todo en negro, yo todo en rosa!

45   Quisiera estar contigo largos instantes
46   pero a tu ardiente súplica ceder no puedo:
47   ¡hasta tus verdes ojos relampagueantes
48   si me inspiran cariño, me infunden miedo!

* * *

49   Genio errante, vagando de clima en clima,
50   sigue el rastro fulgente de un espejismo,
51   con el ansia de alzarse siempre a la cima,

52   mas también con el vértigo que da el abismo.

53   Cada vez que en él pienso la calma pierdo,
54   palidecen los tintes de mi semblante
55   y en mi alma se arraiga su fiel recuerdo
56   como en fosa sombría cardo punzante.

57   Doblegado en la tierra luego de hinojos,
58   miro cuanto a mi lado gozoso existe
59   y pregunto, con lágrimas en los ojos,
60   ¿Por qué has hecho ¡oh Dios mío! mi alma tan triste?

PREOCUPACION

1	Cual labrador que, con pujante brío,
2	del sol naciente a los fulgores rojos
3	devastando del campo los abrojos,
4	granos siembra en el surco a su albedrío,
5	y en la noche, al oír el viento frío,
6	se le llenan de lágrimas los ojos,
7	porque teme encontrar sólo rastrojos
8	donde soñó la mies en el estío;
9	así yo que, en mis verdes primaveras
10	siembro por mi camino las quimeras
11	engendradas en días halagüeños,
12	al sentir los rigores de la suerte
13	temo que el soplo de temprana muerte
14	destruya la cosecha de mis sueños.

AEGRI SOMNIA

1   Yo sueño en un país de eterna bruma
2   donde la nieve alfombra los caminos,
3   y el aire pueblan de salvajes trinos
4   pájaros reales de encendida pluma;

5   donde el húmedo ambiente se perfuma
6   con la savia fragante de los pinos,
7   el jugo de los líquenes marinos
8   y el olor salitroso de la espuma;

9   donde grupos de místicas visiones
10   ahuyentan el tropel de las pasiones,
11   bañando el cuerpo de sopor profundo;

12   donde a la mente lo infinito asombra
13   y oye el alma vibrar entre la sombra
14   voces desconocidas de otro mundo.

NEUROSIS

1   Noemí, la pálida pecadora
2   de los cabellos color de aurora
3   y las pupilas de verde mar,
4   entre cojines de raso lila,
5   con el espíritu de Dalila,
6   deshoja el cáliz de un azahar.

7   Arde a sus plantas la chimenea
8   donde la leña chisporrotea
9   lanzando en torno seco rumor,
10   y alzada tiene su tapa el piano
11   en que vagaba su blanca mano
12   cual mariposa de flor en flor.

13   Un biombo rojo de seda china
14   abre sus hojas en una esquina
15   con grullas de oro volando en cruz,
16   y en curva mesa de fina laca
17   ardiente lámpara se destaca
18   de la que surge rosada luz.

19   Blanco abanico y azul sombrilla,
20   con unos guantes de cabritilla
21   yacen encima del canapé,
22   mientras en taza de porcelana,
23   hecha con tintes de la mañana,
24   humea el alma verde del té.

25   Pero ¿qué piensa la hermosa dama?
26 ¿Es que su príncipe ya no la ama
27 como en los días de amor feliz,
28 o que en los cofres del gabinete
29 ya no conserva ningún billete
30 de los que obtuvo por un desliz?

31   ¿Es que la rinde cruel anemia?
32 ¿Es que en sus búcaros de Bohemia
33 rayos de luna quiere encerrar,
34 o que, con suave mano de seda,
35 del blanco cisne que amaba Leda
36 ansía las plumas acariciar?

37   ¡Ay! es que en horas de desvarío
38 para consuelo del regio hastío
39 que en su alma esparce quietud mortal,
40 un sueño antiguo le ha aconsejado
41 beber en copa de ónix labrado
42 la roja sangre de un tigre real.

SENSACIONES

Para el niño Gonzalo Aróstegui
y González de Mendoza

1   Tu pupila, cual vívida esmeralda,
2   guarda el fulgor de cosas celestiales,
3   y descienden los rizos a raudales
4   sobre el mármol bruñido de tu espalda.

5   Coronado de angélica guirnalda,
6   soñar debiste dichas inmortales,
7   del cielo en los jardines siderales
8   o de la Virgen en la amante falda.

9   Hoy que te halaga el paternal cariño
10   y que sonríes al oír tu nombre,
11   cada vez que tu espíritu escudriño

12   siente mi alma, aunque de ti se asombre,
13   con el vago deseo de ser niño,
14   la tristeza profunda de ser hombre.

DOLOROSA

I

1   Brilló el puñal en la sombra
2   como una lengua de plata,
3   y bañó al que nadie nombra
4   onda de sangre escarlata.

5   Tu traje de terciopelo
6   espejeaba en la penumbra,
7   cual la bóveda del cielo
8   si el astro nocturno alumbra.

9   Tendía la lamparilla
10   en el verde cortinaje,
11   franjas de seda amarilla
12   con transparencias de encaje.

13   Fuera la lluvia caía,
14   y en los vidrios del balcón,
15   cada estrella relucía
16   como fúnebre blandón.

17   Del parque entre los laureles
18   se oía al viento ladrar,
19   cual jauría de lebreles
20   que ve la presa avanzar.

21   Y sonaban de la alcoba
22   en el silencio profundo,
23   pasos de alguno que roba,
24   estertor de moribundo.

II

25   Brilló el puñal en la sombra
26   como una lengua de plata,
27   y bañó al que nadie nombra
28   onda de sangre escarlata.

29   Como la oveja que siente
30   inflamado su vellón,
31   corre a echarse en una fuente
32   buscando consolación,

33   llevada por el arranque
34   de tu conciencia oprimida,
35   quisiste en sombrío estanque
36   despojarte de la vida ;

37   pero saliéndote al paso,
38   como genio bienhechor,
39   hice llegar a su ocaso
40   el astro de tu dolor.

41   ¡Cómo en la sombra glacial
42   tus ojos fosforecían,
43   y de palidez mortal
44   tus mejillas se cubrían!

45   ¡Cómo tus manos heladas
46   asíanse de mi cuello,
47   o esparcían levantadas
48   las ondas de tu cabello!

49   Arrojándote a mis pies,
50   con la voz de los que gimen,
51   me confesaste después
52   todo el horror de tu crimen;

53   y mi alma, vaso lleno
54   de cristiana caridad,
55   esparció sobre tu seno
56   el óleo de la piedad.

III

57   Brilló el puñal en la sombra
58   como una lengua de plata,
59   y bañó al que nadie nombra
60   onda de sangre escarlata.

61   Mas, desde la noche fría
62   en que, víctima del mal,
63   consumastes, alma mía,
64   tu venganza pasional,

65   como buitre sanguinario
66   en busca de su alimento,
67   por tu lóbrego Calvario
68   te sigue el Remordimiento.

VOE SOLI

1   Viejo, en el fondo de sombría choza
2   enguirnaldada de trepante hiedra,
3   un ermitaño está de faz de piedra
4   junto a una sierpe que un rosal destroza.

5   Cuando el pesar en su interior solloza
6   o irresistible tentación lo arredra,
7   sólo la sierpe, que a su lado medra,
8   con terribles caricias lo alboroza.

9   ¡Cuántas almas que viven solitarias
10   alzando a lo infinito sus plegarias,
11   no encuentran, en sus horas de hondo duelo,

12   otra alma que, aunque igual a la serpiente,
13   les perfume el espíritu doliente
14   con el óleo fragante del consuelo!

ESQUIVEZ

1   Recoge la cascada de tus rizos
2   y tus manos aleja de las mías,
3   porque nada me dicen tus hechizos
4   ni yo puedo ofrecerte lo que ansías.

5   ¡Ciñe a otro cuello tus amantes brazos!
6   Antes de que se acerque mi partida
7   anhelo desatar todos los lazos
8   que me unan a las cosas de la vida.

9   ¡Resignado me siento con mi suerte!
10   Sé lo que el mundo en su recinto encierra
11   y no quiero, en la hora de la muerte,
12   llevarme ni un recuerdo de la tierra.

13   ¡Culpa mía no es! Jamás acierto
14   a domeñar los males con que lucho:
15   ¡quizás yo tenga el corazón ya muerto
16   de haber amado, en otro tiempo, mucho!

17   Lleva tu amor al alma que te adora
18   y no temas lanzarme tu reproche:
19   en ti reinan los rayos de la aurora
20   pero en mí las tinieblas de la noche.

21   ¡Ya di a la Juventud mi despedida!
22   Perdí el ardor de mis primeros años

23   y me alejan del campo de la vida
24   sueños de artista y hondos desengaños.

25   ¡Nimbada de radiosas claridades
26   vive, como las diosas, en los cielos!
27   ¡Yo vivo en las abruptas soledades
28   como viven los osos en los hielos!

29   Deja que en mi Tebaida misteriosa
30   suspire por mis días halagüeños,
31   como en húmeda celda silenciosa
32   lloran los monjes sus difuntos sueños.

33   Ansia de perfección mi ser consume
34   aunque me rindo en lodazal infecto,
35   como al hallar un lirio sin perfume
36   desfallece entre abrojos el insecto.

37   Deténgome en mitad de mi camino
38   porque la voz de tu pasión me extraña,
39   cual se detiene el triste peregrino
40   un pájaro al oír en la montaña.

41   ¡Otros te ofrezcan del amor la palma!
42   Yo en los abismos del pesar me hundo
43   y sólo guardo en lo interior del alma
44   la nostalgia infinita de otro mundo.

A UN POETA

1   Como rehusa el viejo peregrino,
2   al descender de la áspera montaña,
3   la copa que, en la mísera cabaña,
4   llena le ofrecen de fragante vino,

5   porque, rendido ya por el destino
6   y a toda aspiración el alma extraña,
7   sólo el vivo deseo le acompaña
8   de hallar la muerte al fin de su camino;

9   así rehusó tu genio la corona
10   que, como a un héroe tutelar madona,
11   la gloria te ofreció para las sienes,

12   porque, habituado a espiritual tormento,
13   tenías la pasión del sufrimiento
14   y odio de muerte a los terrenos bienes.

LAUS NOCTIS

1   Las horas de la noche, cual pálidas mujeres
2   que marchan en las filas de sacra procesión,
3   traen en urnas de ébano a los humanos seres
4   el óleo que perfuma la hiel del corazón.

5   Descienden de las nubes en taciturnas rondas
6   ungidas con el éter de la región azul,
7   como legión de vírgenes de místicas rotondas
8   envueltas en sus velos de tenebroso tul.

9   Al extender la sombra por la abrasada tierra
10   su manto que argentea la lumbre sideral,
11   cada una nuestros párpados adoloridos cierra
12   abriéndolos al mundo que alumbra el Ideal.

13   Al desvalido anciano que en miserable lecho
14   postró el mortal cansancio de larga senectud,
15   reaniman, infundiéndole en lo interior del pecho
16   el soplo perfumado de ardiente juventud.

17   A la rosada alcoba de tímidas doncellas
18   que sienten en el alma la intensa sed de amar,
19   solícitas acuden y calman sus querellas
20   tejiéndoles diademas de flores de azahar.

21   Al héroe que en el campo sangriento de batalla
22   duerme, aguardando el toque del bélico clarín,

23   ofrecen la bandera que en árida muralla
24   clavó con mano firme contrario paladín.

25   Al monje solitario que en apartada gruta
26   pasa sus días últimos en férvida oración,
27   entreabren a lo lejos de la terrestre ruta
28   las puertas diamantinas de célica mansión.

29   Al reo que en la paja de obscuro calabozo
30   suspira, como pájaro cautivo entre la mies,
31   desatan en la sombra, con íntimo alborozo,
32   los hierros que arrastraban sus fatigados pies.

33   A la marchita frente del doloroso artista
34   que mira huir del alma los sueños en tropel,
35   presentan, cual trofeo de una inmortal conquista,
36   la mágica corona de ramas de laurel.

37   ¡Oh misteriosas horas, sed bendecidas todas
38   desde lo más profundo del triste corazón,
39   puesto que, consagrando las ideales bodas,
40   brindáis a nuestros males fugaz consolación!

41   Haced que, aunque nos hieran las plantas los abrojos
42   mientras el sol esplenda, cual vívido rubí,
43   deslumbren en la noche nuestros cansados ojos
44   los puros resplandores del alto Sinaí.

RUEGO

1   Déjame reposar en tu regazo
2   el corazón, donde se encuentra impreso
3   el cálido perfume de tu beso
4   y la presión de tu primer abrazo.

5   Caí del mal en el potente lazo,
6   pero a tu lado en libertad regreso,
7   como retorna un día el cisne preso
8   al blando nido del natal ribazo.

9   Quiero en ti recobrar perdida calma
10   y, al rendirme en tus labios carmesíes
11   o al extasiarme en tus pupilas bellas,

12   sentir en las tinieblas de mi alma
13   como vago perfume de alelíes,
14   como cercana irradiación de estrellas.

PARA UNA MUERTA . . .

1   En el húmedo ambiente de la terraza
2   que embalsamaba el alma de las corolas,
3   viendo las líneas de oro que la luz traza
4   en las noches de estío sobre las olas;

5   hablábamos de cosas desvanecidas
6   en las nieblas lejanas de lo pasado,
7   y la sangre brotaba de las heridas
8   que no habían los años cicatrizado.

9   Tras el muro cubierto de madreselvas,
10   esparcía la orquesta triunfales sones,
11   como voces armónicas en claras selvas,
12   por la atmósfera tibia de los salones.

13   El soplo de la brisa de la alameda
14   agitaba en sus hombros nevados tules,
15   donde se estremecían lazos de seda
16   cual lindas mariposas de alas azules.

17   Su alma, fatigada como ninguna,
18   exhalaba a mi lado tenues suspiros
19   y la luz melancólica de la luna
20   dormíase en las aguas de sus zafiros.

21   ¡Oh! ¡la inquietud extraña de su mirada,
22   el oro moribundo de su cabello,

23 el temblor que crispaba su mano helada,
24 la pena que le hacía doblar el cuello!

* * *

25 —¿Para qué, balbuceaba, desfallecida
26 cual rosa agonizante sobre sus ramas,
27 volver a hojear el libro de nuestra vida
28 si ya yo no te amo, ni tú me amas?

29 ¡Déjame que a la tumba sola descienda!
30 ¡Ningún diálogo amante conmigo entables!
31 ¡No quiero que mi alma de nuevo entienda
32 el lenguaje amoroso que tú le hables!

33 Expiemos en calma nuestro delito
34 de haber sobre la tierra soñado mucho:
35 ¡para mí es todo goce fruto maldito
36 y por eso con miedo tu voz escucho!

37 Esa música alegre llega a mi oído
38 pero en mi ser no enciende fiebres carnales.
39 ¡Yo tengo solamente sed del olvido
40 y amor hacia las dichas inmateriales!

41 Huyen los pensamientos de mi cabeza
42 como aves de un abismo negro y profundo,
43 porque sólo conservo la honda tristeza
44 de las almas que viven fuera del mundo.

45 Mi cuerpo, devorado por el hastío,
46 al reino de las sombras gozoso baja:
47 ¡ay! ¿el tuyo no siente, cual siente el mío,
48 ansias de que lo envuelvan en su mortaja?...

* * *

49 Al asomar el alba tras las montañas,
50 un estertor de muerte vibró en su pecho
51 y, oyendo de sus labios frases extrañas,

52   condujéronla en brazos hasta su lecho.

53   Hoy . . . al platear la luna las frescas lilas,
54   con sus manos piadosas rasgó la tisis,
55   ante el asombro vago de sus pupilas,
56   el velo impenetrable que cubre a Isis.

ORACION

1   ¡Ah, los muertos deseos! Nada ansío
2   de lo que el mundo ofrece ante mi vista:
3   aquello que mi alma no contrista
4   tan sólo me produce amargo hastío.

5   Como encalla entre rocas un navío
6   que se lanza del oro a la conquista,
7   así ha encallado el Ideal de artista
8   entre las nieblas del cerebro mío . . .

9   ¡Oh Señor! si la sombra no deshaces
10   y en mi alma arrojas luminosos haces,
11   como un sol en obscuro firmamento,

12   haz que sienta en mi espíritu moroso
13   primero la tormenta que el reposo,
14   primero que el hastío . . . ¡el sufrimiento!

VIRGEN TRISTE

1   Tú sueñas con las flores de otras praderas,
2   nacidas bajo cielos desconocidos,
3   al soplo fecundante de primaveras
4   que, avivando las llamas de tus sentidos,
5   engendren en tu alma nuevas quimeras.

6   Hastiada de los goces que el mundo brinda
7   perenne desencanto tus frases hiela,
8   ante ti no hay coraje que no se rinda
9   y, siendo aún inocente como Graciela,
10   pareces tan nefasta como Florinda.

11   Nada de la existencia tu ánimo encanta,
12   quien te habla de placeres tus nervios crispa
13   y terrores secretos en ti levanta,
14   como si te acosase tenaz avispa
15   o brotaran serpientes bajo tu planta.

16   No hay nadie que contemple tu gracia excelsa
17   que eternizar debiera la voz de un bardo,
18   sin que sienta en su alma de amor el dardo,
19   cual lo sintió Lohengrin delante de Elsa
20   y, al mirar a Eloísa, Pedro Abelardo.

21   Al roce imperceptible de tus sandalias
22   polvo místico dejas en leves huellas
23   y entre las adoradas sola descuellas,

24   pues sin tener fragancia como las dalias
25   tienes más resplandores que las estrellas.

26   Viéndote en la baranda de tus balcones,
27   de la luna de nácar a los reflejos,
28   imitas una de esas castas visiones
29   que, teniendo nostalgia de otras regiones,
30   ansían de la tierra volar muy lejos.

31   Y es que al probar un día del vino amargo
32   de la vid de los sueños, tu alma de artista
33   huyendo de su siglo materialista
34   persigue entre las sombras de hondo letargo
35   ideales que surgen ante su vista.

36   ¡Ah! yo siempre te adoro como un hermano,
37   no sólo porque todo lo juzgas vano
38   y la expresión celeste de tu belleza,
39   sino porque en ti veo ya la tristeza
40   de los seres que deben morir temprano.

LAS HORAS

1   ¡Qué tristes son las horas! Cual rebaño
2   de ovejas que caminan por el cieno,
3   entre el fragor horrísono del trueno
4   y bajo un cielo de color de estaño,

5   cruzan sombrías, en tropel huraño,
6   de la insondable Eternidad al seno,
7   sin que me traigan ningún bien terreno
8   ni siquiera el temor de un mal extraño.

9   Yo las siento pasar sin dejar huellas,
10   cual pasan por el cielo las estrellas,
11   y, aunque siempre la última acobarda,

12   de no verla llegar ya desconfío,
13   y más me tarda cuanto más la ansío
14   y más la ansío cuanto más me tarda.

EN EL CAMPO

1   Tengo el impuro amor de las ciudades,
2   y a este sol que ilumina las edades
3   prefiero yo del gas las claridades.

4   A mis sentidos lánguidos arroba,
5   más que el olor de un bosque de caoba,
6   el ambiente enfermizo de una alcoba.

7   Mucho más que las selvas tropicales,
8   plácenme los sombríos arrabales
9   que encierran las vetustas capitales.

10   A la flor que se abre en el sendero,
11   como si fuese terrenal lucero,
12   olvido por la flor de invernadero.

13   Más que la voz del pájaro en la cima
14   de un árbol todo en flor, a mi alma anima
15   la música armoniosa de una rima.

16   Nunca a mi corazón tanto enamora
17   el rostro virginal de una pastora,
18   como un rostro de regia pecadora.

19   Al oro de la mies en primavera,
20   yo siempre en mi capricho prefiriera
21   el oro de teñida cabellera.

22   No cambiara sedosas muselinas
23   por los velos de nítidas neblinas
24   que la mañana prende en las colinas.

25   Más que al raudal que baja de la cumbre,
26   quiero oír a la humana muchedumbre
27   gimiendo en su perpetua servidumbre.

28   El rocío que brilla en la montaña
29   no ha podido decir a mi alma extraña
30   lo que el llanto al bañar una pestaña.

31   Y el fulgor de los astros rutilantes
32   no trueco por los vívidos cambiantes
33   del ópalo, la perla o los diamantes.

ENRIQUE GOMEZ CARRILLO
Viendo su retrato por Cazals

1	Ojos llenos de vaga poesía,
2	cual los de un ángel del celeste coro,
3	obscura cabellera y tez de moro
4	tostada por el sol del Mediodía.
5	Prosador de brillante fantasía,
6	brotan las frases de su pluma de oro
7	como las aguas de un raudal sonoro,
8	cubiertas de irisada pedrería.
	. . . .
9	Yo nunca lo veré, pero lo amo
10	y en los instantes de dolor lo llamo,
11	queriendo echar mis brazos a su cuello,
12	porque sé que su espíritu atesora
13	la pureza del alma soñadora
14	y el amor insaciable de lo bello.

TARDES DE LLUVIA

1   Bate la lluvia la vidriera
2   y las rejas de los balcones,
3   donde tupida enredadera
4   cuelga sus floridos festones.

5   Bajo las hojas de los álamos
6   que estremecen los vientos frescos,
7   piar se escucha entre sus tálamos
8   a los gorriones picarescos.

9   Abrillántanse los laureles,
10   y en la arena de los jardines
11   sangran corolas de claveles,
12   nievan pétalos de jazmines.

13   Al último fulgor del día
14   que aún el espacio gris clarea,
15   abre su botón la peonía,
16   cierra su cáliz la ninfea.

17   Cual los esquifes en la rada
18   y reprimiendo sus arranques,
19   duermen los cisnes en bandada
20   a la margen de los estanques.

21   Parpadean las rojas llamas
22   de los faroles encendidos,

23 y se difunden por las ramas
24 acres olores de los nidos.

25 Lejos convoca la campana,
26 dando sus toques funerales,
27 a que levante el alma humana
28 las oraciones vesperales.

29 Todo parece que agoniza
30 y que se envuelve lo creado
31 en un sudario de ceniza
32 por la llovizna adiamantado.

33 Yo creo oír lejanas voces
34 que, surgiendo de lo infinito,
35 inícianme en extraños goces
36 fuera del mundo en que me agito.

37 Veo pupilas que en las brumas
38 dirígenme tiernas miradas,
39 como si de mis ansias sumas
40 ya se encontrasen apiadadas.

41 Y, a la muerte de estos crepúsculos,
42 siento, sumido en mortal calma,
43 vagos dolores en los músculos,
44 hondas tristezas en el alma.

UN SANTO

1   Vive, bajo el sayal del franciscano,
2   en la lóbrega celda de un convento,
3   donde tiene, por único contento,
4   la dulce paz del corazón cristiano.

5   Entre las ondas del cabello cano
6   que sombrean su rostro macilento,
7   brillar se ve su puro pensamiento
8   como un astro entre nubes de verano.

9   Frente al disco de fúlgida custodia,
10   cántico celestial su voz salmodia
11   o, como exangüe monje de Ribera,

12   que siempre a la tortura está propicio,
13   ciñéndose a las carnes el cilicio,
14   medita ante sagrada calavera.

EL HIJO ESPURIO

1 Yo soy el fruto que engendró el hastío
2 de un padre loco y de una madre obscena
3 que a la vida arrojáronme sin pena,
4 como una piedra en el raudal de un río.

5 No hay dolor comparable al dolor mío
6 porque, teniendo el alma de amor llena,
7 la convicción profunda me envenena
8 de que está el mundo para mí vacío.

9 Iguala mi pureza a la del nardo,
10 mas vivo solitario como un cardo
11 sin que escuche jamás voces amigas,

12 y, encontrando las rutas siempre largas,
13 vierten mis ojos lágrimas amargas
14 como el jugo que encierran las ortigas.

CUERPO Y ALMA

I

1   Fétido, como el vientre de los grajos
2   al salir del inmundo estercolero
3   donde, bajo mortíferas miasmas,
4   amarillean los roídos huesos
5   de leprosos cadáveres; viscoso,
6   como la baba que en sus antros negros
7   destilan los coléricos reptiles
8   al retorcer sus convulsivos cuerpos
9   entre guijarros húmedos; estéril,
10   como los senos que en helados lechos
11   ofrecen las impúdicas rameras
12   al ardor genital de los mancebos
13   que, frenéticos, caen en sus brazos,
14   como loco rebaño de corderos,
15   al sentir inflamados sus vellones,
16   en cenagoso manantial; abyecto
17   como el alma del pérfido soldado
18   que, desertando al enemigo ejército,
19   expira acribillado por las balas
20   de los que un día sus hermanos fueron,
21   sin tener quien le vende las heridas,
22   ni le enjugue las lágrimas; cruento
23   como el capricho de feroz tirano
24   que, bajo el palio de su trono excelso,
25   hundida entre las manos la cabeza
26   y cerrados los ojos soñolientos,

27   sueña en ver asoladas las naciones,
28   para alfombrar con polvo de esqueletos,
29   rociado por la sangre de las víctimas,
30   la ruta que han de recorrer sus pueblos
31   al proclamarle victorioso; débil
32   como la planta que en hediondo estiércol
33   ya se abrasa a los rayos del estío,
34   ya se quiebra a los soplos de los céfiros,
35   tal es ¡oh Dios! el cuerpo miserable
36   que arrastro del vivir por los senderos,
37   como el mendigo la pesada alforja
38   que ya se cansan de llevar sus miembros.

II

39   Blanca, como la hostia consagrada
40   que, entre vapores de azulado incienso
41   y al áureo resplandor de ardientes cirios,
42   eleva el sacerdote con sus dedos
43   desde las gradas del altar marmóreo,
44   mientras que se difunden por el templo
45   los cánticos del órgano; fragante
46   como los ramos de azahares frescos
47   que, en los rizos de joven desposada,
48   esparcen sus aromas a los vientos
49   de la noche de nupcias; soñadora
50   cual la princesa de lejanos tiempos
51   que, en la alta torre de feudal castillo,
52   aguardaba al cruzado caballero
53   a quien jurara amor eterno; casta
54   como las heroínas que, sin sexo,
55   miró el pálido Poe deslizarse
56   en la bruma argentada de sus sueños,
57   llevando las pupilas deslumbradas
58   por la luz de los astros que, a lo lejos,
59   mostrábanle el palacio de la Dicha
60   abierto para siempre a los anhelos
61   de sus dolientes corazones; cándida
62   como las almas de los niños tiernos

63 que, radiantes de júbilo profundo,
64 suspenden en sus brazos los abuelos
65 al abrirles los párpados el día,
66 para colmarlos de sonoros besos
67 y hundirlos en el mar de la ternura;
68 tal es ¡oh Dios! el alma que tú has hecho
69 vivir en la inmundicia de mi carne,
70 como vive una flor presa en el cieno.

Envío

71 ¡Oh Señor! tú que sabes mi miseria
72 y que, en las horas de profundo duelo,
73 yo me arrojo en tu gran misericordia,
74 como en el pozo el animal sediento,
75 purifica mi carne corrompida
76 o, librando mi alma de mi cuerpo,
77 haz que suba a perderse en lo infinito,
78 cual fragante vapor de lago infecto,
79 y así conseguirá tu omnipotencia,
80 calmando mi horroroso sufrimiento,
81 que la alondra no viva junto al tigre,
82 que la rosa no crezca junto al cerdo.

VARIA

¡UNA LAGRIMA!

1   De fúnebres crespones las sienes adornadas,
2   cubiertas sus mejillas, su rostro angelical,
3   la niña se dirige, medrosa al cementerio
4   cercado de cipreses, de mirto funeral.

5   Sus labios inocentes de tintes purpurinos,
6   perdieron sus matices, su célico candor;
7   ¡semeja una azucena marchita y deshojada
8   sin galas, sin esencias, sin fúlgido color!

9   Sus ojos que robaron los rayos deslumbrantes
10   al astro vespertino de mágico lucir,
11   quedaron sin hechizos, quedaron sin encantos
12   y brilla tristemente su pálido zafir.

13   Su cuello nacarado de cisne y de paloma
14   perdió su gallardía, su bello tornasol;
15   su blonda cabellera del céfiro juguete
16   no irradia sus destellos de oro y de arrebol.

17   Sobre las blancas tumbas camina silenciosa
18   hollando madreselvas y fúnebre clavel;
19   ¡paréceme la niña que cruza pensativa
20   la fada misteriosa del lúgubre vergel!

21   Detiene sus miradas en bellas pasionarias,
22   ornato de un sepulcro, que luce esa mansión;

23   las besa fervorosa, doblega sus rodillas,
24   y eleva hacia los cielos su mística oración.

25   De záfiro contempla vestido el firmamento
26   y aquí sobre la tierra un túmulo a sus pies;
27   y en torno de sus sienes suspiran tristemente,
28   las ramas cimbradoras de un lánguido ciprés.

29   ¡Cuán bella está la niña rezando por su madre
30   de hinojos prosternada! ¡Cuán pura es su oración!
31   ¡Qué triste está su pecho, qué triste está su mente!
32   ¡Qué triste, acongojado, su tierno corazón!

33   Fulgente y diamantina resbala en su mejilla
34   la lágrima que vierte con tímido candor;
35   levántase serena, llorosa y resignada,
36   y enjuga en fino lienzo su lágrima de amor.

37   En medio de sus penas, en medio de sus rezos,
38   descubre su mirada, su faz angelical;
39   ya tornan a sus labios los tintes purpurinos . . .
40   ¡parece una amapola besada del terral!

41   Después la bella virgen, cubierto su semblante,
42   se aleja sollozando, bañada de emoción:
43   la lágrima divina quedóse evaporada,
44   ¡mas quedan esperanzas al tierno corazón!

EL POETA Y LA SIRENA

A mi buen amigo
Carlos Noreña

1   Coronada de vivos resplandores
2   luce la tarde en el azul del cielo,
3   va tendiendo la noche su ancho velo
4   y en el Ocaso se sepulta el Sol.
5   Su veste de esmeralda pliega el césped,
6   su cáliz las galanas florecillas,
7   y truecan las celestes nubecillas
8   en armiño su bello tornasol.

9   La nacarada estrella de la tarde
10 su luz, vertiendo, plácida y serena,
11 semeja una purísima azucena
12 sobre un manto de grana y de zafir.
13 Como virgen que oculta sus hechizos
14 bajo el cendal flotante de una nube,
15 así la luna, majestuosa sube,
16 bañada de alabastro hacia el cenit.

17   En un oceano de plateadas luces
18 flotan el monte, el valle y la pradera,
19 y esparce la brillante primavera
20 de sus flores la esencia virginal.
21 En la margen de un lago bullicioso
22 alza un poeta su inspirado acento,
23 que se pierde en las ráfagas del viento,
24 o del lago en el límpido cristal.

25   Surge de entre las ondas azuladas
26   una deidad risueña y misteriosa,
27   de frescos labios de color de rosa
28   y un seno de marfil, encantador.
29   Su lúcido cabello de azabache
30   rueda sobre sus hombros de alabastro,
31   tienen sus ojos el fulgor de un astro
32   y el fuego centellante del amor.

33   Su breve pie de nacarado esmalte
34   cubren sandalias de zafir hermoso,
35   y su talle gentil y vaporoso
36   orna con cintas de color azul.
37   Lleva en sus manos una lira de oro
38   con cuerdas de diamante decorada,
39   y el eco seductor de su trovada
40   vuela a las nubes del celeste tul.

41   El genio misterioso de la noche,
42   las estrellas de mágicos fulgores,
43   los silfos bellos y lucientes flores
44   en torno suyo se les ve girar.
45   Tendida entre la espuma cristalina,
46   con halagüeña inspiración secreta,
47   dirige al melancólico poeta
48   este armonioso y seductor cantar.

49   —Tú creas en la noche fantásticas visiones
50   radiantes de pureza, de gloria y de esplendor,
51   pero tus gratos sueños se alejan y evaporan
52   dejándote tan sólo recuerdos de dolor.

53   Aquí bajo esta espuma de armónicos rumores
54   habito yo un palacio de perlas y coral;
55   mi lecho forman rosas del valle más ameno,
56   de fúlgidos colores, de esencia virginal.

57   Las sílfides y ondinas que moran en el lago

58 me cantan en la noche, sublime trovador,
59 y a su argentino acento y al rayo de la luna,
60 apuro deleitosa la esencia del amor.

61   Suspende esos cantares al céfiro del valle
62 que juega entre los lirios del plácido jardín,
63 o a la gentil violeta, o a la doncella pura
64 de labios sonrosados y aliento de jazmín.

65   La vida tiene encantos, poeta de los sueños;
66 la gloria sólo ofrece martirios y dolor:
67 ¡oh! ven a mis palacios de perlas y corales
68 para apurar beodos la esencia del amor. —
. . . .
. . . .

69   —¡Cesa: le dijo un eco de los montes
70 con voz de trueno asolador, profundo;
71 —tú simbolizas el error del mundo
72 y el poeta la luz de la verdad. —

73   Despareció la maga entre la espuma,
74 exánime, sin vida y sin aliento;
75 alzó el poeta su inspirado acento
76 y el eco resonó en la eternidad.

HUERFANO

A la Sra. Doña Clara Krick,
a la buena amiga de mi desgraciada madre

1 Entre nubes de fúlgidos colores
2 baja a los mares el brillante sol,
3 y despliega la noche sobre el mundo
4 sus velos impalpables de crespón.

5 La luna permanece obscurecida
6 tras una bella nube de jazmín,
7 cual si temiese con sus blancos rayos
8 el rezo del mortal interrumpir.

9 El aura de la noche no se agita
10 sobre las verdes hojas del ciprés,
11 ni el insecto su lúgubre zumbido
12 se atreve por los aires a extender.

13 Aquí donde reposa la materia
14 todo es tinieblas, corrupción no más;
15 y do habita el espíritu incorrupto
16 día sin noche, eterna claridad.

17 El mundo con sus pompas no penetra
18 aquí del justo en la postrer mansión,
19 que al ver su orgullo convertido en *nada*
20 se aleja amedrentado de pavor.

21 Del cementerio entre los anchos muros

22   almas tristes vagar, sólo se ven,
23   y mármoles y cruces e inscripciones
24   para cubrir el polvo del *no ser.*

25   Lejos descubro de mi santa madre
26   la tumba ornada con modesta cruz,
27   donde duermen también las alegrías
28   de mi tierna y perdida juventud.

29   Al dejar en su losa funeraria
30   con un beso la esencia de mi ser,
31   siento el frío del mármol por mis venas
32   dilatarse en confusa rapidez.

33   Tal vez mañana, náufrago perdido
34   por el mar insondable del dolor,
35   no pueda alzar postrado ante esta tumba
36   hacia los cielos mística oración.

37   Tal vez el huracán fiero destroce
38   de su sepulcro el pálido ciprés;
39   y sólo habrá una lápida de piedra
40   para cubrir el alma de mi ser.

41   Luna de nácar que tu luz admiras
42   del lago sobre el líquido cristal,
43   ven en las noches del helado invierno
44   la fosa de mi madre a iluminar.

45   Ave que elevas tus canoros trinos
46   del firmamento a la región azul,
47   ven a entonar tus lúgubres endechas
48   de su sepulcro en la modesta cruz.

49   Nube que cruzas el azul del cielo
50   matizada de nácar y arrebol,
51   ven también en las tardes del estío
52   a derramar en ella tu fulgor.

53   Errante peregrino, si en la noche
54   ruegas por ella en tu tenaz sufrir,
55   hay un alma en el mundo, otra en el cielo,
56   que eternamente rogarán por ti.

[PENSABA DARTE CONSEJOS . . .]

1   Pensaba darte consejos
2   y oí decir — ¡verdad fue! —
3   que eso es cosa de los viejos . . .
4   ¡Mañana te los daré!

DOS FECHAS

A los Excmos. Sres.
Condes de Casa Bayona

I

1   Un día, a los resplandores
2   dorados de la mañana,
3   vi la niña encantadora
4   jugueteando en vuestra casa,
5   cual mariposa ligera
6   entre flores perfumadas;
7   y al contemplar vuestra dicha
8   exclamó alegre mi alma:
9   ¡No hay padres tan venturosos!
10   ¡No hay hija tan adorada!

II

11   Otro día, a los fulgores
12   de la luna nacarada,
13   vi el sepulcro de la niña
14   cubierto de flores blancas;
15   y al contemplar vuestra pena,
16   exclamó triste mi alma:
17   ¡No hay padres tan desdichados
18   y no hay hija tan llorada!

LAS MUJERES

1	Ayer, en nuestro mundo primitivo,
2	mostraba la mujer desnudo el pecho
3	para dar alimento al hijo vivo
4	en sus entrañas hecho.
5	Pero hoy, en nuestras grandes poblaciones,
6	sólo muestran sus pechos las mujeres
7	para encender las lúbricas pasiones
8	de los humanos seres.

[DICEN QUE ERES UN ANGEL...]

1   Dicen que eres un ángel. Al saberlo,
2 la pluma tiembla en mi inexperta mano:
3 ¿qué te podré decir ¡oh hermoso ángel!
4   en el idioma humano?

[AVES MIS VERSOS SON . . .]

1   Aves mis versos son que se detienen
2   en las páginas blancas de tu libro,
3   pidiéndote, con voz arrulladora,
4   que les dejes hacer en tu alma un nido.

5   Todas traen las alas desgarradas
6   por el viento y la lluvia y el granizo,
7   y, si no las acoges, irán prestas
8   a morir en la sima del olvido.

HORTENSIA DEL MONTE

1	Orla su frente alabastrina
2	la seda de su cabellera,
3	como la sombra de la noche
4	alba corola de azucena.
5	Guarda entre el arco de sus labios
6	donde las sonrisas son flechas,
7	más púrpura que los geranios,
8	más fragancia que las *hortensias*.
9	Brillan sus húmedas pupilas
10	por entre sus pestañas negras,
11	como entre el verdor de las hojas
12	los pétalos de las violetas.
13	Tiene los hombros cincelados
14	como la pálida doncella
15	que en sus cánticos olorosos
16	inmortalizó el Rey-Poeta.
17	Hay en su rostro melancólico
18	como el disco de las estrellas,
19	fulgores de gracia criolla,
20	dulzura de virgen hebrea.
21	Para ella, miosotis y nardos,
22	la corona de las princesas,

23 el velo de las desposadas
24 y las rimas de los poetas.

Envío

25   Niña: olvida de este bardo
26   las endechas,
27   porque hoy enluta su alma
28   fría niebla;
29   y lo enerva,
30   como a tigre encadenado,
31   la tristeza.

SERAFINA VALDIVIA Y HUIDOBRO
Vizcondesa Kostia

1   Como una mosca verde de negras alas
2   junto al cáliz de nácar de fresco lirio,
3   como gríseo murciélago de curvo vuelo
4   sobre la azul corriente de claro río,
5   como sierpe purpúrea de piel riscosa
6   cerca de rósea concha de perlas nido,
7   así mi pensamiento febricitante,
8   alredor de tu imagen gira indeciso,
9   y aunque mi alma quisiera decirte cosas
10 en lenguaje que supe siendo muy niño,
11 como ya no recuerdo frase ninguna,
12 mirando tus encantos tan sólo digo:
13 ¡que te escuche quien nunca te haya escuchado!
14 ¡que los vea el que nunca los haya visto!

[JUANA BORRERO]

1   Tez de ámbar, labios rojos,
2   pupilas de terciopelo
3   que más que el azul del cielo
4   ven del mundo los abrojos.

5   Cabellera azabachada
6   que, en ligera ondulación,
7   como velo de crespón
8   cubre su frente tostada.

9   Ceño que a veces arruga,
10   abriendo en su alma una herida,
11   la realidad de la vida
12   o de una ilusión la fuga.

13   Mejillas suaves de raso
14   en que la vida fundiera
15   la palidez de la cera,
16   la púrpura del ocaso.

17   ¿Su boca? Rojo clavel
18   quemado por el estío,
19   mas donde vierte el hastío
20   gotas amargas de hiel.

21   Seno en que el dolor habita
22   de una ilusión engañosa,

VII

23 como negra mariposa
24 en fragante margarita.

25 Manos que para el laurel
26 que a alcanzar su genio aspira,
27 ora recorren la lira,
28 ora mueven el pincel.

29 ¡Doce años! Mas sus facciones
30 veló ya de honda amargura
31 la tristeza prematura
32 de los grandes corazones.

CORINA ROWLAND Y DEL MONTE

1   Cual bandada de negras mariposas
2   cerca de un ramo de fragantes lirios,
3   así vuelan mis versos melancólicos
4   en torno de tus célicos hechizos.

5   Mas, embriagadas por tus frescos labios
6   y por la luz de tu pupila heridos,
7   languidecen mis versos a tus plantas
8   y agonizan cantando: ¡Yo te admiro!

COLON EN LA RABIDA

I

1   Era una noche mansa y apacible
2   y la luna en el alto firmamento
3   dejaba resbalar sus blancos rayos
4   entre bosques de dátiles y almendros,
5   granados, limoneros y naranjos,
6   que hermosura y frescor prestan a un tiempo
7   al que se yergue cual gigante altivo,
8   de la Rábida el santo Monasterio;
9   tras cuyos firmes muros de granito
10   hallaron siempre celestial consuelo
11   para ligeras culpas, los donceles,
12   para nefandos crímenes, los reos.

13   Pálido, consumido por el hambre,
14   bañados de sudor los fuertes miembros,
15   anudada la voz en la garganta,
16   sin aliño y sin orden los cabellos
17   y hundida entre las manos la cabeza,
18   donde hierven sombríos pensamientos,
19   frente a la puerta del dormido claustro,
20   como un mendigo en el umbral de un templo,
21   sentado está Colón. Ante sus plantas
22   solloza un niño que, con triste acento,
23   pan le demanda, sin que el nauta pueda
24   un mendrugo ofrecer a su deseo.

25   De pronto, como herido por el rayo
26   luminoso de oculto pensamiento,
27   incorpórase el bravo navegante,
28   tiende la vista en torno de su cuerpo,
29   seca el llanto que baña sus mejillas,
30   sacude sus andrajos polvorientos
31   y, conduciendo al niño de la mano,
32   avanzan, como pálidos espectros,
33   arrebujados en la sombra fría,
34   hacia la puerta obscura del convento.

35   — ¿Quién sois? — al escuchar el recio golpe,
36   interroga una voz. — Pobres viajeros,
37   que al regresar a sus nativas playas
38   sintiéronse rendidos por el sueño,
39   y vienen en la noche a demandaros,
40   con un trozo de pan, mísero lecho. —
41   Rechinaron las puertas en sus goznes,
42   y, de lámpara ardiente a los destellos,
43   despareció aquel grupo desolado
44   tras el frontón del vasto monasterio.

II

45   Amaneció. Envuelto por los rayos
46   del apacible sol de la mañana
47   que, al tocar en la cima de su torre,
48   prenden manto de púrpura a su espalda,
49   destácase el devoto monasterio,
50   mirando al mar de transparencia vaga,
51   regado por la luz de chispas de oro,
52   y cuyas roncas olas encrespadas
53   estréllanse en los anchos arrecifes,
54   donde se esponjan las gaviotas blancas,
55   y hendiendo el aire, como raudas flechas,
56   pósanse los alciones en bandadas.

57   Del convento en el patio florecido
58   y entre el ramaje de las verdes parras,
59   que sombrean los húmedos senderos,
60   óyese resonar ruido de alas
61   y de canciones matinales. Bulle
62   en la mística fuente el chorro de agua,
63   que despliega, ascendiendo por el aire,
64   su abanico de espumas irisadas,
65   y salpica de perlas cristalinas
66   las tiernas hojas de olorosas plantas
67   nacidas alredor. Con sus aromas,
68   la transparente atmósfera embalsaman
69   madreselvas, jazmines y alelíes,
70   en que las mariposas se aletargan,
71   y al ascender de nuevo por el aire,
72   caen entre las yerbas embriagadas.

73   Junto al patio, cual gruta misteriosa,
74   con la cortina de hojas ensanchadas,
75   que le cuelga tupida enredadera,
76   entreábrese una celda franciscana
77   mostrando en la blancura de sus muros
78   negra cruz de madera, que clavada
79   devota imagen de Jesús presenta
80   al ferviente cristiano, que en sus ansias
81   la mira con fervor. El duro lecho
82   sobre el macizo pavimento se alza,
83   coronado de antigua calavera,
84   y un cántaro de barro lleno de agua.

85   En un sitial, al lado de la mesa
86   que en medio de la celda se levanta,
87   ostentando en su limpia superficie
88   viejos infolios y anchurosos mapas,
89   mudo Marchena está. Brilla en sus ojos
90   del entusiasmo la fecunda llama,
91   muestra en sus labios paternal sonrisa
92   y, echada la capucha hacia la espalda,

93   apoya la cabeza entre las manos,
94   y acaricia la nieve de su barba,
95   mientras, como lebrel de lanas rubias,
96   mudo a sus pies un niño les miraba.

97   Colón, el inmortal infortunado,
98   interrumpe el silencio de la estancia
99   con el rumor creciente de sus frases
100   que brotan, como hirviente catarata,
101   del seno de su espíritu abatido,
102   narrando las visiones de su alma,
103   sus estériles luchas con los grandes,
104   sus días de miseria solitaria
105   y sus noches de insomnio pavorosas,
106   terribles noches de mortales ansias.

107   Pero el alma del fraile franciscano,
108   al escuchar sus mágicas palabras,
109   inúndase de júbilo profundo,
110   y al grato influjo de la fe cristiana
111   vuelve a lucir ante el turbado espíritu
112   el faro salvador de la esperanza . . .

113   Días después, al brillo de la aurora,
114   hacia la Corte el genovés marchaba,
115   y mientras su corcel lo conducía,
116   perdida en lo infinito la mirada,
117   y sumergido en plácidos ensueños,
118   veía, al resplandor de la esperanza,
119   surgir desconocido continente,
120   con sus coronas de gigantes palmas
121   y sus alfombras de fragantes flores,
122   del seno de las ondas azuladas.